Felix R. Paturi

Heilschnäpse & Kräuterliköre

selbst gemacht

Bassermann

Inhalt

Heilpflanzengeister enthalten die starken Kräfte der Natur.

Wer Kräu[ter] sammelt, sollte in de[r] Bestimmu[ng] einigerma[ßen] sicher sein.

Die Früchte der Schlehe wirken u. a. ntzündungshemmend.

Schon seit Jahrhunderten gilt das »gebrannte Wasser« auch als »Lebenswasser«.

Vorwort

Heilpflanzen gibt es in aller Welt. Wir kennen besonders gut die europäischen Heilkräuter, seit Kolumbus' Zeiten aber auch viele amerikanische. Zahlreiche alte chinesische Heilpflanzen sind in ihrer Anwendung in Europa erst seit kurzem bekannt. Unter ihnen gibt es einige, die besonders gut für Heilkräutergeister geeignet sind. Viele davon sind in diesem Buch enthalten.

»Im Wein ist große Sünde, aber auch einiger Nutzen für den Menschen, doch die Sünde ist größer als der Nutzen«, formulierte der islamische Prophet Mohammed in der zweiten Sure des Korans.

Damit sind wir auch schon beim Thema: Es ist keineswegs die Absicht des vorliegenden Buches, Gesundheit suchende Menschen zum Alkoholkonsum zu animieren. Trotzdem: Selbst der strenge Antialkoholiker Mohammed räumte ein, dass auch einiger Nutzen für den Menschen im Wein sei (gebrannte Wässer kannte der Prophet noch nicht).

Von diesem Nutzen hat der Mensch zu allen Zeiten und auf allen Kontinenten profitiert. Arzneimittel auf Alkoholbasis sind weit verbreitet. Schon im alten China heißt es in einem Geschichtswerk zur Zeit der Han-Dynastie, dass alkoholische Getränke alle anderen Medizinen übertreffen. Auch in der afrikanischen, der amerikanischen und der alten europäischen Volksmedizin waren und sind Heilkräuterweine, -biere und -schnäpse weit verbreitet. Und die Schulmedizin bedient sich seit eh und je ebenfalls alkoholischer Mazerate.

Das alles hat gute Gründe: Viele für die Gesundheit wertvolle Pflanzenwirkstoffe sind in Wasser schwer oder gar nicht löslich, wohl aber in Alkohol. Natürlich gilt das auch umgekehrt. Darin liegt der Vorzug von Heilpflanzengeistern. Sie enthalten schließlich beide Lösungsmittel, Wasser und Alkohol. Oft erschließt gerade der Alkohol auch solche Substanzen, die der Körper – selbst wenn sie ihm als Pulver oder in Kapseln zugeführt werden – allein durch die eigene Verdauung nicht nutzen könnte.

Natürlich darf das alles nicht darüber hinwegtäuschen, dass Alkohol für den Körper auch schädlich sein kann und mit Sicherheit schädlich ist, wenn er in zu großen Mengen genossen wird. Aber das gilt schließlich sogar für an sich lebensnotwendige Substanzen wie Kochsalz. Alkohol in Überdosen schwächt das Immunsystem, behindert die Atmung, schädigt Herz, Nervensystem und Gehirn. Chronischer

Alkoholismus verursacht schwere Vergiftungen mit Begleiterscheinungen wie Leberschäden, Sehbehinderungen, Kreislaufschäden, Neurosen und Sucht.

Alkoholische Getränke greifen, wenn man sie nicht nur in minimalen Mengen trinkt, auch in den Stoffwechsel – genauer gesagt in den Kalorienhaushalt – ein. Bier, süße Weine, Liköre und die meisten Cocktails enthalten größere Mengen Zucker und sind reine Kalorienbomben. Bier weitet wie jede reichlich getrunkene Flüssigkeit außerdem den Magen aus, was auf die Dauer den Hunger steigert und Appetit auf immer größere Portionen schwerer Speisen macht. Nur trockene Weine und Schnäpse bringen keine unerwünschten Pfunde. Gewiss, auch der Alkohol selbst enthält nicht gerade wenig Kalorien, aber sie lassen sich nicht in Fett verwandeln, eine für die meisten Menschen ausgesprochen erfreuliche Eigenschaft. Sie dienen lediglich der Wärmeproduktion des Körpers. Darüber hinaus verbraucht reiner Alkohol bei seiner Verbrennung körpereigenes Fett; er zehrt sogar etwas an den Reserven. Menschen, die zu Untergewicht neigen, sollten daran denken.

Ein Gläschen wohlschmeckender Kräuterschnaps im Kreis guter Freunde genossen, kann auch ohne den Seitenblick auf die Medizin krank machenden Stress mildern. Doch sollte es bei dem einen Gläschen bleiben.

Geringe Alkoholmengen sind jedoch nach dem neuesten Stand der Forschung nicht nur unschädlich, sondern sogar gesundheitsfördernd. Jüngste klinische Untersuchungen haben ergeben, dass kleine Alkoholmengen den Anteil der für den Körper wertvollen hochdichten Lipoproteine im Blut erhöhen, dagegen aber verhindern, dass sich schädliche Lipoproteine geringer Dichte wie Cholesterin an den Gefäßwänden anlagern und auf diese Weise Arteriosklerose verursachen. Bekannt ist auch, dass geringer Alkoholkonsum das Immunsystem stärken kann. So traten die schwersten – meist tödlichen – Malariafälle bei Eisenbahnarbeitern in Mosambik in großem Umfang ausgerechnet unter strengen Antialkoholikern auf.

Dieses Buch ist alkoholischen Heilpflanzenauszügen zu medizinischen Zwecken gewidmet. Darüber hinaus wird aber auch der Geschmackssinn nicht ganz zu kurz kommen. Gesundheit fängt nicht erst beim Heilen von Krankheiten an, sondern beim Gesundbleiben. Und dazu gehören Lebensfreude und manchmal auch ein guter Schluck.

Alkohol und Gesundheit

Heilpflanzengeister stärken die Gesundheit, und in netter Gesellschaft genossen, tragen sie auch zur Lebensfreude bei.

Menschen, die an Hepatitis, Leberzirrhose, Magen- oder Darmgeschwüren, Tuberkulose, Epilepsie, Herzinsuffizienz, chronischen Nierenerkrankungen oder chronischer Verstopfung leiden, sollten auf jede Art von Alkohol verzichten.

Wie viel Alkohol für wen?

Wie viel Alkohol ist für einen erwachsenen Menschen zuträglich, oder, anders gefragt: Welche Mengen sind gesundheitlich bedenklich? Man hat immer wieder versucht, Richtlinien aufzustellen, um diese Frage annähernd zu beantworten. Im Allgemeinen haben solche Richtlinien auch eine gewisse Berechtigung, aber niemals gelten sie für alle Menschen.

In China, wo Heil- und Kräuterschnäpse einerseits auf eine jahrhundertelange Tradition zurückgehen und sich andererseits die moderne klinische Forschung intensiv mit ihnen befasst, geht man heute meist davon aus, dass für den gesunden Erwachsenen ein Gramm reiner Alkohol pro Kilogramm Körpergewicht und Tag gesundheitlich bedenkenlos ist. Für den Durchschnittsmenschen (in Aufzügen werden Personen generell mit 70 Kilogramm angenommen) sind das täglich etwa 70 Gramm. Das entspricht rund 150 Milliliter Schnaps, 400 Milliliter Wein oder 700 Milliliter Bier. In den puritanischen USA gehen manche Ärzte neuerdings von nur etwa der Hälfte dieser Mengen aus. Außerdem wird Frauen, die aufgrund ihrer Physiologie generell weniger Alkohol vertragen als Männer, empfohlen, von den genannten Werten jeweils noch etwa 20 Prozent abzuziehen, um »auf der sicheren Seite« zu sein. Doch auch die hier genannten Faustregeln muss man differenziert betrachten. Alkoholkranke und Menschen, die gegen Alkohol allergisch sind, dürfen selbstverständlich keinerlei alkoholische Getränke zu sich nehmen. Selbst kleinste Mengen bedeuten für sie große gesundheitliche Gefahren.

Schwangere sollten auf Alkohol weitgehend verzichten und sich nur nach Rücksprache mit ihrem Arzt hin und wieder ein Gläschen trockenen Sekt oder Ähnliches genehmigen, was auch für sie durchaus förderlich sein kann. Auf jeden Fall sollten sie auf Kräuterschnäpse und auch auf die handelsüblichen alkoholischen Lebenselixiere und Tonika verzichten, weil sie oft Wirkstoffe enthalten, die die Durchblutung im Unterleibsbereich stark fördern, unangenehme Nebenwirkungen auf den Fötus haben können oder gar zur Abtreibung führen.

Für dieses Buch spielen Überlegungen hinsichtlich gesundheitsgefährdender Alkoholmengen keine Rolle, denn die für die Heilschnäpse genannten Dosierungen liegen unterhalb der sehr eng gefassten amerikanischen Unbedenklichkeitswerte.

Auch für den gesunden Menschen hängt das bekömmliche Alkoholquantum von zahlreichen Faktoren ab. Zum einen ist die Alkoholverträglichkeit grundsätzlich individuell verschieden. Und das betrifft nicht nur jeden einzelnen Menschen, sondern sogar ganze Bevölkerungsgruppen: So vertragen beispielsweise Japaner, die meisten Araber und auch die Indianer weitaus weniger Alkohol als etwa Europäer, und zwar aufgrund der jeweils unterschiedlichen hormonellen Funktion des Organismus.

Generell vertragen Frauen – auch bei gleichem Körpergewicht – weniger Alkohol als Männer, doch gibt es hier wie immer Ausnahmen von der Regel. Menschen mit viel körperlicher Bewegung und vor allem Arbeit an der frischen Luft schadet Alkohol weniger als Großstädtern, die den ganzen Tag im Büro sitzen. Bei manchen Menschen

Pflanzliche Wirkstoffe machen Kräuterschnäpse zu einer wirksamen Medizin gegen viele Beschwerden.

hängt die Alkoholverträglichkeit stark von den Jahreszeiten, den Tageszeiten und vielleicht auch von den Mondphasen ab. Auf jeden Fall wirkt sich Alkohol umso stärker und damit schädlicher aus, je müder ein mehr oder weniger maßvoller Konsument gerade ist.
Und schließlich ist die Alkoholverträglichkeit bei den meisten Menschen auch noch stark von der jeweiligen Stimmung abhängig. Gut gelaunt und entspannt kann man ruhig mal ein Gläschen mehr trinken als nervös, gereizt oder depressiv.

Bier, Wein und Brände

Alkohol und Zucker sind im Allgemeinen kein bekömmliches Gespann, denn sie erzeugen im Magen und besonders im Darm ungesunde Gärungsprozesse.

Wer auf seine Gesundheit und deren Erhaltung bedacht ist, sollte auch nicht irgendetwas trinken. Hier tut Aufklärung Not, weil vielfach irrige Vorstellungen hinsichtlich der Bekömmlichkeit unterschiedlicher alkoholischer Getränke herrschen.
Zu unterscheiden sind grundsätzlich Biere, Weine, Brände, Liköre und Cocktails. Mit den Letzteren wollen wir uns hier lieber gar nicht befassen, um den eingeschworenen Mixfans nicht zu nahe zu treten. Vom gesundheitlichen Standpunkt aus sind nämlich so gut wie alle Cocktails – gelinde gesagt – abzulehnen. Ähnliches gilt mit Einschränkungen für Liköre.
Liköre sind eigentlich nur dann vertretbar, wenn der Zucker als geschmackliches Gegengewicht zu manchmal nicht besonders angenehm schmeckenden Heilpflanzen gedacht ist. Aus genau diesem Grund sind die meisten Magenbitter erheblich gezuckert. Aber im Unterschied zu Cocktails trinkt man sie ja schließlich nur in kleinsten Mengen. Dann schadet auch der Zucker nicht. Handelt es sich dagegen um alkoholische Gemische wie Eierlikör, Kakao- oder Kaffeelikör, Whiskylikör, Liköre aus den verschiedensten Fruchtsorten oder Ähnliches, dann sollte lieber die Finger davon lassen, wer glaubt, dass er sich etwas Gutes tun müsse.
Ausgesprochen gesundheitsschädlich sind Mischgetränke, die neben Alkohol auch größere Mengen Koffein enthalten. Sie ruinieren den Kreislauf.

Bier

Eines der verbreitetsten Volksgetränke ist das Bier. Hier gehen die Meinungen auseinander. Flüssiges Brot nennen es liebevoll die einen und betrachten es eher als Grundnahrungs- denn als Genussmittel; als alkoholische Einstiegsdroge verteufeln es die anderen. Mit Bier ist es wie mit vielem anderen auch: Ein bisschen ist gesund, viel schadet.

Bier hat ganz bestimmt seine Vorzüge, wenn man es bei maximal einer Flasche pro Tag belässt. Manche Ärzte verordnen es ausdrücklich bei Nieren- und Gichtleiden sowie bei vegetativen Störungen. In geringen Mengen genossen, wirkt es auch Bluthochdruck entgegen. Mancherorts trinkt man es gerne vor dem Schlafengehen, weil der Hopfen beruhigt.

Chinesische Ärzte sprechen dem Bier Heilwirkung bei Stoffwechselerkrankungen, Arteriosklerose, Herzleiden und Tuberkulose zu.

Der gesundheitliche Wert des Biers lässt sich anhand seiner Inhaltsstoffe durchaus belegen: Es enthält 17 verschiedene Aminosäuren, darunter mehrere essenzielle und zehn lebenswichtige Vitamine, unter ihnen in erheblichem Maß solche des B-Komplexes.

Andererseits ist Bier eine »Kalorienbombe«. Ein Liter dieses Getränks hat den Nährwert von fünf bis sechs Eiern. In größeren Mengen bewirkt Bier ein Aufquellen des Bindegewebes, was wiederum zu Stauungen in den Lymphbahnen und zur schwammigen Degeneration des Bindegewebes führt.

Wer es allerdings bei einer Flasche pro Tag belässt, dem wird Bier eher nutzen als schaden.

Wein

Beim Wein muss man hinsichtlich der Bekömmlichkeit weit mehr zwischen lieblich und trocken als zwischen weißen und roten Sorten unterscheiden.

Liebliche Weine sowie süße Dessertweine sind vom gesundheitlichen Standpunkt aus grundsätzlich abzulehnen. Der Zuckergehalt führt im Darm zur Gärung und schadet damit sowohl dem Verdauungsapparat direkt als auch dem Stoffwechsel generell. Ganz anders ist das bei trockenen Weinen.

In Maßen genossen sind sie durchaus empfehlenswert, besonders wenn sie nicht nur wenig Restzucker, sondern zugleich wenig Restsäure besitzen, also gut ausgegoren sind. Dann sind sie aufgrund ihrer über dreißig verschiedenen Aminosäuren und rund einem Dutzend unterschiedlicher Vitamine gesundheitsfördernd. Das gilt nicht nur für Trauben-, sondern auch für Obstweine. Nur ist es schwer, ausgesprochen trockene Obstweine zu erhalten. Die meisten sind viel zu süß. Eine löbliche Ausnahme macht hier der recht bekömmliche hessische Äppelwoi.

Brände mit mehr als 40 Prozent Alkoholgehalt führen leicht zu Schleimhautreizungen im Mund-, Rachen-, Speiseröhren- und Magenbereich, was zu Stimmbanderkrankungen wie auch zu Magengeschwüren führen kann.

Brände

Brände, also alkoholische Destillate ohne Zuckerzusatz und Essenzen, sind die bekömmlichste Art der Alkoholika, sofern es wirklich Edelbrände sind und sie keinerlei Fuselöle enthalten wie die Produkte mancher Billighersteller.

Dass gerade Brände so bekömmlich sein sollen, mag irritieren, denn hier handelt es sich schließlich um »Hochprozentiges«. Und so muss man auch die Bekömmlichkeit der Brände äußerst differenziert sehen. Einmal wird natürlich vorausgesetzt, dass die zuträgliche Ge-

In Brennanlagen wie dieser werden durch Destillation Branntweine hergestellt.

samtalkoholmenge nicht überschritten wird, zum anderen sollte man nicht über etwa 40 Prozent Alkoholanteil hinausgehen. Spirituosen sollte man generell nicht auf leeren Magen trinken (eine Ausnahme machen einige wenige chinesische Heilkräuterschnäpse in Teelöffelmengen). Und schließlich ist der Genuss stark gekühlter Schnäpse – wie vor allem in Norddeutschland üblich, gern auch im Wechsel mit Bier – ein Frevel an der Gesundheit. Aber ein kleines Glas zimmerwarmer Obstler, weißer Rum, klarer Weinbrand oder Gin wird selbst von Magenkranken weitaus besser vertragen als ein Glas trockener Weißwein.

»Viel hilft viel« ist ein Satz, der im Zusammenhang mit Heilkräutergeistern keinerlei Existenzberechtigung besitzt. Man sollte sich an Dosierungsangaben halten, um optimalen gesundheitlichen Nutzen aus den Geistern zu ziehen.

Heilkräutergeister

Für Heil- und Kräuterschnäpse gilt grundsätzlich das Gleiche wie für Edelbrände, denn sie sind aus diesen hergestellt. Einschränkend kommt aber hinzu, dass es sich um Medikamente handelt, und hier ist von Fall zu Fall die angegebene Dosierung von großer Bedeutung. Oft spielt dabei der Alkohol selbst eine völlig untergeordnete Rolle. Die pflanzlichen Wirkstoffe entscheiden über Nutzen oder Schaden. Kein vernünftiger Mensch, der gegen Kopfschmerzen ein Glas Wasser mit einer Aspirintablette schluckt, wird gleich mehrere Gläser dieser Art trinken, weil das Wasser ja nicht schadet.

Wichtig ist auch, dass man für die Ansätze wirklich nur hochwertige Edelbrände verwendet. Billigprodukte enthalten manchmal Fuselöle und andere Schadstoffe, die einerseits in sich selbst gesundheitsschädlich sind und die andererseits Einfluss auf die Wirksamkeit der angesetzten Heilpflanzen haben können. Auch sollte die Art des Brandes mit den medizinischen Inhaltsstoffen nicht in Widerspruch stehen. Man verwendet keine geschmacklich stark ausgeprägten Alkoholika, die ihre eigenen spezifischen Inhaltsstoffe besitzen.

Schließlich sollte man ein und denselben Heilpflanzengeist niemals über längere Zeiträume zu sich nehmen, sondern gelegentlich für Abwechslung sorgen, denn der Körper gewöhnt sich auch an die besten Pflanzenwirkstoffe, die ihm dann nicht mehr so viel geben und nützen können.

Aus köstlichen Früchten wie Datteln wurden schon vor Urzeiten alkoholische Getränke gewonnen.

Gott selbst schuf den Alkohol

In einem Werk über alkoholische Getränke schrieb der chinesische Gelehrte Jiangtong, der im 4. Jahrhundert lebte: »Die Erfindung alkoholischer Getränke ist dem Schöpfer zuzuschreiben.« Er begründete es damit, dass Speisereste mit der Zeit vergären und sich in Wein verwandeln, vor allem Breie und Suppen aus gekochtem Getreide wie Hirse oder Reis.

Mit der Erfindung Gottes hatte der weise Mann gar nicht so Unrecht, denn nicht wenige Zoologen berichten vom Alkoholgenuss durch Säugetiere und Vögel, die gezielt vergorenes Fallobst fressen, um sich daran zu berauschen.

Die alten Ägypter vergoren schon vor rund fünf Jahrtausenden den Saft von Trauben ebenso wie den von Dattelpalmen, um daraus Weine herzustellen.

Wann man im alten China erstmals Wein trank, ist umstritten. Vielleicht schon während der Xia-Dynastie im 21. bis 16. Jahrhundert v. Chr. Sicher ist aber, dass bereits um 3000 v. Chr. die alten Ägypter nicht weniger als 28 Weinsorten kannten. Daneben brauten sie verschiedene Biere aus Hirse, Weizen, Honig und Datteln, aber auch aus so exotischen Grundstoffen wie Stutenmilch, Hanfblättern oder Pilzen. Brände kannten allerdings weder die Ägypter noch die alten Chinesen. Die Kunst der Destillation ist sehr wahrscheinlich eine mesopotamische Erfindung, denn im Zweistromland lassen sich bereits für etwa 3500 v. Chr. einfache Destillierköpfe nachweisen. Aus der Zeit um 1800 v. Chr. liegen dann sogar erste schriftliche Dokumente vor. So ist vom »Heizer« der königlichen »Drogerie« von Mari die Rede, der unter der Leitung eines »Chef-Parfümeurs« monatlich mehrere Hundert Liter Destillate herstellte. Destilliert wurden z. B. Zedernholzspäne, Zypressenholz und Myrtenäste. Auf diese Weise gewann man zwar keinen Alkohol, dafür ätherische Duftöle.

Arabische Wissenschaftler verfeinerten später das mesopotamische Verfahren und wandten es auch auf Trauben- und Palmweine an, jedoch erst im 9. nachchristlichen Jahrhundert.

Die eigentliche Geburtsstunde des Schnapses schlug aber auch damals noch nicht, denn man verwendete den Alkohol zunächst lediglich als Lösungsmittel oder als Trägersubstanz für Verreibungen, unter anderem für »fein gemahlenes Glanzpulver für Augenschminke«. Nichts anderes bedeutet schließlich der alte arabische Begriff »Al-co-hue«, aus dem später der Arzt und Naturforscher Paracelsus (1493–1541) das Wort »Alkohol« machte.

Mehr als vier Jahrtausende lang verwendete man das Destillationsverfahren ausschließlich zur Gewinnung ätherischer Pflanzenöle und allenfalls von Alkohol als Lösungsmittel.

Gebrannter Alkohol – eine italienische Erfindung

Die eigentliche Wiege des gebrannten Trinkalkohols dürfte die süditalienische Stadt Salerno sein, und zwar in der Zeit um 1050. Zu dieser Zeit waren große Teile Süditaliens und vor allem Sizilien sehr stark arabisch geprägt.

Die früheste bekannte Beschreibung von »Aqua ardens« und dessen Bereitung als Branntwein stammt aus der Feder des Magisters Salernus, der damals lebte. Jahrhunderte hindurch spielte der gebrannte Alkohol aber durchaus nicht die Rolle reinen Trinkschnapses. Man verwen-

Die Wandmalerei aus dem 15. Jahrhundert v. Chr. zeigt Ägypter bei der Ernte von Trauben, die anschließend zu Wein gekeltert wurden.

dete ihn so gut wie ausschließlich zu medizinischen Zwecken. Seine Herstellung war eine Sache der Ärzte und Pharmazeuten, und man verordnete ihn erfolgreich gegen Seuchen wie die Pest oder Leiden wie die Gicht; im ersten Fall als Medizin zum Einnehmen, im zweiten meist als Einreibung.

Ab dem 13. und vor allem im 14. Jahrhundert spielte der Branntwein dann erstmals in Europa eine Rolle als Genussmittel. Dass man schon damals des Guten oft zu viel tat, belegt ein um 1330 in der freien Reichsstadt Nürnberg verfasstes Dekret, das es verbot, den Wein mit Branntwein zu versetzen. Das freilich wirkte sich ähnlich aus wie später – im frühen 20. Jahrhundert – die Alkoholprohibition in den USA. Das private Schwarzbrennen kam nach dem Verbot erst recht in Mode und wurde in manchen Epochen geradezu zu einem Volkssport. In unserer etwas liberaleren Zeit liegt den Regierungen die Volksgesundheit zwar weniger am Herzen als die Branntweinsteuer, aber auch das kann ein Grund fürs Schwarzbrennen sein. In den meisten Ländern Europas ist es – vor allem in ländlichen Gegenden – noch immer gang und gäbe.

So manche geheime Destille arbeitet auch heute noch im Gebiet der Alpen und in den Seitentälern der meisten Mittelgebirge, um – etwas gesetzeswidrig – Alkohol für den Eigenbedarf und für gute Freunde zu brennen.

Europäische Traditionen

Gerade die Schwarzbrenner, die aus der Not nicht selten eine Tugend machten, bereicherten in Europa das Sortiment an »Gesundheitswässern« erheblich. In den Alpen hat beinahe jedes Bergtal seine eigenen Kräuterbrände. Und auch im Bayerischen Wald, in der Rhön und im Odenwald gibt es noch immer Spezialitäten. Dazu gehören z.B. Enzian, Bärwurz, Brennnesselgeist oder Blutwurz, die heute lokal zum Teil von kleineren Brennereien auch völlig legal kommerziell hergestellt werden. In Maßen genossen, sind sie durchaus gesundheitsfördernd. Viele von diesen Bränden sind ausgezeichnete Verdauungshelfer. Andere wirken sich positiv auf das Immunsystem aus. Denn über ein gutes Immunsystem musste schon immer verfügen, wer bei Wind und Wetter im Freien arbeitete und dabei auf die Dauer gesund bleiben wollte.

Zu ausgesprochenen Experimentierstuben für heilsame Pflanzengeister wurden aber schon seit dem Mittelalter vor allem die christlichen Klöster. Hier fand sich auf geradezu wundersame Weise alles zusammen, was für die Herstellung eines guten Kräuterschnapses erforderlich ist: pharmakologisches und medizinisches Fachwissen, oft gestützt auf die intime Kenntnis Hunderter von Heilpflanzen, alchemistische Kenntnisse im Brauen und Destillieren, vor allem aber die ungetrübte Liebe zur Sache und die Muße für nicht selten jahrelange Rezepturversuche. Noch heute zeugen alkoholische Getränke mit würzigen Kräuterextrakten wie Benediktiner oder Ettaler Klosterlikör von dieser alten Tradition.

Der in Klöstern oft gebrauchte Ausdruck »Feuerwasser« sollte durchaus nicht an den brennenden Geschmack mancher hochprozentiger Spirituosen erinnern, sondern die »geistige Vermählung der Elemente Feuer und Wasser« durch das Brennen versinnbildlichen. Das Bestreben nach dem Vollzug dieser spirituellen Hochzeit geht schon auf den mallorquinischen Franziskanermönch Ramon Llul und den großen französischen Arzt und Alchemisten Arnaud de Villeneuve zurück, die um 1283 gemeinsam im »gebrannten Wasser« die vier Elemente Erde, Luft, Wasser und Feuer um ein fünftes, nämlich den Alkohol, bereichern wollten und darin die Grundlage für den »Stein der Weisen« suchten. Damit knüpften Llul und de Villeneuve an alte spirituelle Traditionen Indiens an, die neben Erde, Luft, Wasser und Feuer als fünftes Element Arkascha gesetzt hatten, womit sie den reinen Geist meinten, der ja neben den drei materiellen Elementen und dem zumindest sichtbaren und fühlbaren Feuer schließlich auch zum Gesamtbild der uns bekannten Welt gehört. Später stand dann im Westen das Feuer zugleich für den Geist.

Schon vor Jahrhunderten hatte es die Kirche aufgrund der unter der Landbevölkerung um sich greifenden Trunksucht nicht immer leicht mit der klösterlichen Alkoholproduktion. Man vermied deshalb Worte wie Schnaps oder Alkohol zeitweise völlig und sprach stattdessen lieber von »Lebenswasser« oder »Feuerwasser«.

Originell ist das Konzept der »geistigen Vermählung« insofern, als zu einer Hochzeit immer zwei gehören, und zwar ein männlicher ebenso wie ein weiblicher Partner. Nach Paracelsus finden denn beim Brennen im Alkohol wirklich ein männliches Element (Feuer) und ein weibliches (Wasser) zueinander. Genau diese Vereinigung, nämlich jene von Yin und Yang, sahen auch die alten chinesischen Ärzte im Alkohol, vor allem, wenn sie ihm Heilkräuter zusetzten.

Heilende Geister

Eine große Kräuter-Mischtrommel aus der Mitte des 18. Jahrhunderts – die Pflanzenheilkunde hatte sich zu dieser Zeit auch in Europa einen Platz in der Heilkunde erobert.

Pflanzen enthalten die Heilkräfte der Natur

Als der griechische Naturphilosoph Theophrast um 300 v. Chr. nach den botanischen Schriften des Aristoteles 500 Pflanzenfamilien beschrieb und dabei auch die Erfahrungen der Ärzte und Bauern mit Heilpflanzen gebührend würdigte, als Hippokrates ebenfalls in vorchristlicher Zeit 200 Heilpflanzen porträtierte und als um 50 n. Chr. der griechische Arzt Dioskorides in seiner »Materia medica« rund 600 Arzneipflanzen vorstellte, war die große Zeit der Entdeckungen auf diesem Gebiet eigentlich schon vorbei. Diese frühen Ärzte griffen auf viel älteres Wissen zurück. Sie ordneten und katalogisierten im Wesentlichen nur noch. Wer aber entdeckte die Heilkraft der Pflanzen? Und wie? Es waren die Medizinmänner, die alten Zauberpriester, die Weisen Frauen und die Hexen. Wann sie lebten? Es gab sie immer und überall auf der Welt. Und es gibt sie auch heute noch.

Zoologen, die Tiere in der Wildnis beobachteten, berichteten mehr als einmal darüber, dass kranke Säugetiere instinktiv geeignete Heilpflanzen fressen und oft weite Wege zurücklegen, um sie zu finden. Sie graben nach Bitterwurzeln und nagen an Rinden, die sie sonst verschmähen.

Ihre Fähigkeit, die richtigen Pflanzen gegen eine Krankheit gezielt zu finden, kann die Wissenschaft zwar nicht erklären, aber sie ist hundertfach belegt, und sie beschränkt sich keineswegs nur auf die Pflanzenkundigen der Gattung Homo sapiens. Der Instinkt, sich selbst mit Pflanzenwirkstoffen zu heilen, ist sogar unseren Haushunden noch nicht ganz verloren gegangen. Leiden sie unter Verstopfung oder Fehlernährung, dann fressen sie Gras, haben sie Magenprobleme, dann suchen sie Bitterdrogen. Auch sonst haben Tiere ein gutes Gespür für Pflanzen und deren Wirkungsweise. Mit welcher Sicherheit meiden Pflanzenfresser und selbst unsere domestizierten Weidetiere von Geburt an Giftpflanzen!

Wir wissen auch, dass sich amerikanische Indianer der verlassenen Kräutergärten europäischer Siedler bemächtigten und die ihnen un-

bekannten Heilpflanzen auf Anhieb genauso verwendeten wie die Einwanderer selbst. Ja, sie scheuten auch vor Giftpflanzen nicht zurück und dosierten diese ebenso homöopathisch, wie das in Europa seit Samuel Hahnemann (1755–1843), dem Begründer der Homöopathie, geschieht. Die Frage von Ethnologen, woher sie um die richtige Anwendung der Drogenpflanzen wussten, beantworteten die Indianer wie folgt: »Wir haben die Geister der Pflanzen gefragt.«
Einer der bedeutendsten griechisch-römischen Ärzte war Galenus (129–199), der auf antikes Heilpflanzenwissen zurückgriff und dieses durch seine Arbeiten vertiefte, erweiterte und zu einem einheitlichen System zusammenfasste, das bis zur Neuzeit absolute Gültigkeit besaß. Einen Aufschwung durch eigene Anwendungsforschung nahm die Heilpflanzenkunde dann im Mittelalter, und zwar zunächst durch arabische Ärzte, die sich der Phytotherapie verschrieben.
In Europa knüpften dann die Klöster an arabische Traditionen an und betrieben selbst Heilpflanzenforschung, meist begleitet von medizinischen Studien. Es gab keine Abtei ohne ein medizinisches Kräutergärtlein und mindestens einen fachlich versierten Mönch oder eine heilkundige Nonne.

Auch Edward Bach, dem wir die inzwischen sogar apothekenpflichtigen Bachblüten verdanken, betonte immer wieder, er habe die Eigenschaften der von ihm verwendeten Pflanzen erfahren, indem er seine Hände darüber gehalten und sie gleichsam erfühlt habe.

Eine mittelalterliche Tradition: Viele Klöster haben bis auf den heutigen Tag einen Kräutergarten.

Kräuterwein und Kräuterschnaps in Europa

Heilschnapsrezepturen blieben vielfach die streng gehüteten Geheimnisse der Klöster, die stets darauf bedacht waren, sich der Laiengemeinde überlegen zu fühlen.

Von den Heilkräutern zu Kräuterweinen und Kräuterschnäpsen war der Weg nicht weit, denn die Klöster pflegten schließlich auch die Winzerei und unterhielten Destillieranlagen. Und weil der Alkohol ebenso wie die Drogenpflanzen medizinisch verwendet wurde, stand einer Verbindung der beiden nichts im Weg, zumal das Wissen um beide in den Händen derselben Personen lag.

Bekannt wurden heilende Pflanzengeister in Europa in größerem Stil durch das Auftreten einer eindrucksvollen Frau, der Kurfürstin Anna von Sachsen. Als sie 1585 in Dresden starb, hinterließ sie 181 Kräuterschnaps- und Aquavitrezepturen, von Destillaten bis zu Mazeraten. Doch auch schon zu Lebzeiten war die experimentierfreudige Landesmutter, deren Gemahl das Interesse an der Heilkunde teilte, keine Geheimniskrämerin. Sie schickte Proben ihrer Destillier- und Mazerierkünste an nahezu alle Höfe Europas und erhielt dafür nicht wenige begeisterte Dankesschreiben.

»Mutter Anna«, wie sie allgemein genannt wurde, war für ihre Kräuterschnapsexperimente nachgerade prädestiniert, denn als Tochter des Dänenkönigs Christian III. verstand sie sich auf das landesübliche Lebenswasser »Aquavit«, und ihr reges Interesse an der Medizin tat ein Übriges. Ihre Privatbibliothek umfasste eine Vielzahl seltener Kräuterbüchlein, und um zum Material für ihre Mixturen zu kommen, korrespondierte sie lebhaft mit Klöstern, Förstern, Bauern, Gärtnern und Alchemisten. Wie zu ihrer Zeit üblich, beschränkte sie ihre Herstellung von Heilschnäpsen, Tinkturen und Salben nicht auf pflanzliche Zutaten. Wolfsherzen verarbeitete sie ebenso wie Eselsmilz, Bärenfett oder fossiles Mammutelfenbein. Schließlich glaubte man damals auch noch an die mystische Kraft des Einhorns.

Im christlichen Mittelalter war der natürliche – der schamanische – Zugang zu den Heilpflanzen von der Kirche in Europa weitgehend verdrängt worden. Wen wundert es, dass die Heilkunde meist in den Händen ausgerechnet der Geistlichkeit lag, die sich erneut den spirituellen Zugang – unter dem neuen Etikett der christlichen Mystik – verschaffte, den sie ansonsten als »heidnisch« verteufelte. Das trifft auf Hildegard von Bingen ebenso zu wie auf Meister Eckehart und ist bis in die Tage des Kräuterpfarrers Kneipp nicht anders.

Doch das war nicht überall so. Auf dem Land, wo der Mensch nach wie vor täglich mit der Natur lebte, in stillen Bergtälern und auf Hochalmen, in den weiten Tundren und Hochgebirgen Nordeuropas, lässt sich die Heilkräutertradition lückenlos von der Zeit der Druiden bis in die Gegenwart verfolgen. Braute nicht schon Miraculix einen wundersamen Zaubertrank aus Misteln und anderen heiligen Pflanzen? Die zahlreichen skandinavischen Wildbeerenschnäpse und -liköre, der legendäre Absinth der Westalpentäler und des Französischen Jura – der trotz strikten Verbots auch heute noch unter dem Ladentisch gehandelt wird –, die Latschenkiefergeister Österreichs oder die legendären Vogelbeer-, Moschuskraut- und Genepischnäpse der südlichen Alpen von den Dolomiten bis ins Aostatal: sie gehen samt und sonders auf solche alten Traditionen zurück.

Kein Arzneimittelgesetz hat es bisher vermocht, den Verkauf von Heilpflanzen auf den Wochenmärkten zu verbieten, obwohl diese der

Neben der Kirche durften sich viele Jahrhunderte hindurch in Europa nur wenige Privilegierte mit dem Arzneiwesen befassen: Ärzte und zuweilen der Hochadel.

Wer keine Gelegenheit hat, Heilpflanzen selbst zu sammeln, oder in deren Bestimmung nicht sicher ist, findet oft auf Wochenmärkten eine gute Auswahl.

Es bedarf großer Erfahrung (bzw. zuverlässiger Rezepte), um gute Heilkräuterschnäpse herzustellen. Nicht aus jeder bewährten Heilpflanze lässt sich einfach ein Kräutergeist gewinnen. Manchmal können sich dabei auch Giftstoffe bilden, wie bei den Köhler-Holzdestillaten.

Industrie und der Schulmedizin ein Dorn im Auge sind. Kein Naturschutzgesetz vermochte es, der ältesten offiziellen Enzianbrennerei Deutschlands, einer seit 1602 tätigen Firma, die Grabrechte für Enzianwurzeln mitten im Naturpark Berchtesgaden streitig zu machen, die das Unternehmen heute in mustergültig verantwortungsbewusster Weise wahrnimmt, indem sie ein und dieselbe Fläche nur alle 20 Jahre einmal beerntet.

Freilich gingen experimentierende Bergbauern und andere Naturburschen manchmal auch etwas zu weit. So produzierten z. B. Südtiroler Köhler ein Destillat, das gewiss nicht zur Nachahmung zu empfehlen ist. Sie dichteten ihre Erlenholzmeiler, in denen sie Holzkohle herstellten, nach außen so gut ab, dass der Rauch nur oben durch eine enge Öffnung entweichen konnte. Diesen Rauch ließen sie gegen eine umgestülpte große Emailschüssel strömen, in der die in ihm enthaltene Feuchte kondensierte. Das Kondensat fingen die Köhler dann in einer kleineren Schüssel auf. Getrunken wurde es gegen Magenbeschwerden und Bauchschmerzen. Blähungen beseitigte es sofort. Allerdings müssen diese Männer über eine robuste Gesundheit verfügt und sich den Magen allenfalls durch eine zu deftige Mahlzeit verdorben haben, sonst hätte sie der Holzgeist umgebracht. Er enthält nämlich jede Menge gefährlicher Giftstoffe.

Aber schließlich experimentierte man, und das ist nicht immer völlig risikolos. Heute stehen wir da auf etwas sichererem Boden, denn wir können auf die Erfahrungen aus vielen Jahrhunderten ebenso zurückgreifen wie auf moderne klinische Forschungsergebnisse.

Man sollte schon über gute theoretische Grundkenntnisse oder solide schamanische Fähigkeiten verfügen, um mit Heilpflanzen oder gar alkoholischen Heilpflanzenzubereitungen möglichst risikoarm auf eigene Faust zu experimentieren. Die im vorliegenden Buch angegebenen Rezepturen sind altbewährt und erprobt. Aber auch sie sollte man auf keinen Fall willkürlich miteinander mischen. Meist wird das zwar gut gehen, aber im Allgemeinen ist der Nutzen solcher willkürlicher Mischungen nicht groß. Wirkstoffe können sich nämlich gegenseitig ebenso ergänzen und positiv beeinflussen wie sich gegenseitig weitgehend aufheben.

Heilpflanzen und Alkohol in der Neuen Welt

Wer heute von indianischen Heil- und Zauberpflanzen spricht, denkt meist an so exotische Drogen wie Condurango-Rinde, Ipecacuanha, Ololiuqui oder gar die halluzinogenen Peyote-Kakteen oder Psilocybe-Pilze. Kaum jemand denkt dabei an all jene Heilpflanzen, die schon zu Beginn des 16. Jahrhunderts nach Europa kamen und bereits von den Altmeistern der Botanik und der Kräuterheilkunde wie Leonard Fuchs, Tabernacmontanus oder Adam Lonicerus beschrieben wurden: Bärentraube, Bilsenkraut, Kalmus, Kermesbeere, Kürbissamen, Salbei, Schafgarbe, Vanille oder Zaubernuss (Hamamelis). Sie und viele andere mehr sind uralte indianische Heilpflanzen, und es gab Zeiten, in denen man sie in Europa mit gewisser Skepsis betrachtete.

So wandte sich bereits der berühmte Arzt Paracelsus, der die vorbeugende und heilende Wirkung einer naturgemäßen Lebensweise betonte, gegen ein Überhandnehmen fremder Drogen. Er fürchtete, dass sie die einheimischen überflügeln könnten.

In manchen älteren Werken über Heilpflanzenschnäpse finden sich Rezepte für Auszüge aus Senecio-Arten (Greiskraut) als Mittel gegen ausbleibende oder schwere Menstruation, Erkrankungen der Harnwege und Blutarmut. Sie helfen zwar, doch ist seit kurzem bekannt, dass sie etwa drei Monate später zu schweren, oft tödlich verlaufenden Lebererkrankungen führen.

Kaum jemand weiß heute noch, dass die Vanille eine uralte indianische Heilpflanze ist.

Ihr Siegeszug in Europa hat zwei Gründe: Zum einen gelangte zusammen mit den Pflanzen uraltes indianisches Heilerwissen in die Alte Welt, zum anderen besitzen viele Drogenpflanzen aus Mittel- und dem nördlichen Südamerika Inhaltsstoffe, wie sie nur schnell wachsende Tropenpflanzen entwickeln, die das europäische Heilkräuterrepertoire wundervoll ergänzen können. Man denke nur an die Wirkstoffe der Chinarinde, des Peru-Balsams, des Sonnenhutes (Echinacea), des Sassafras-Baumes oder des Ratanhia-Baumes.

Medizinmänner und Schamanen

Im frühgeschichtlichen Europa war die Rollenverteilung der Weisen Männer und Frauen in den einzelnen Volksstämmen eine etwas andere als in den meisten Indianergesellschaften. Das führt noch heute oft zu Missverständnissen. War z. B. bei den Kelten der Zauberpriester, Schamane und Heilpflanzenkundige oft ein und dieselbe Person, so ist dies in der Neuen Welt traditionell anders, wobei die Übergänge hier wie dort gleitend sind.

Nicht von ungefähr bezeichnen die Indianer ihre Heilpflanzen als Geschenke des Großen Geistes, denn sie sind ihnen heilig. Sie reden mit den Pflanzen, und sie erfahren so nicht nur die Anwendungsgebiete, sondern auch die Darreichungsformen, Dosierungen und Mischrezepturen.

Die Indianer kennen den Begriff »Medizinmann«. Er war und ist der Arzt und Apotheker. Aber er ist kein Schamane, und er ist kein Priester. Er verfügt über solides Heilpflanzenwissen. Dem Zauberpriester fehlen diese genauen Kenntnisse. Er ist eher Anwender, und zwar nur ganz bestimmter Pflanzen, die ihn in spirituelle Rauschzustände versetzen, die sich als Räucherwerk für sakrale Handlungen eignen usw. Der Schamane wiederum teilt diese Applikationen mit dem Priester, aber wie der Medizinmann heilt er auch selbst. Doch ist seine Vorstellung davon, was Medizin ist, eine völlig andere. Ihn kümmern Pflanzenwirkstoffe so gut wie gar nicht. Er arbeitet nicht empirisch, sondern verschreibt Rezepturen, die ihm von Geistwesen direkt auf Trancereisen mitgeteilt werden. Oft stimmen sie mit den bewährten Applikationen der Medizinmänner erstaunlich gut überein. Aber das muss nicht immer so sein, denn vielfach ist die »Medizin« der Schamanen nicht selbst das Heilmittel, sondern nur eine Art Träger für spirituelle Energien, was entfernt an die Hochpotenzen in der Homöopathie erinnern mag.

Auffällig ist aber generell, dass in indianischen Stämmen Nord-, Mittel- und Südamerikas, in denen besonders intensiv schamanisch gearbeitet wird, das eigentliche medizinische Heilpflanzenwissen weitgehend fehlt. Es hat hier schon insofern keine Bedeutung, weil niemand auf starre Rezepte zurückgreifen würde. Man lebt hier nicht nach Gebrauchsanweisungen. Man lebt jetzt und in jedem Augenblick neu, und das bedeutet, dass man bei Bedarf auch jedes Mal die Medizin neu bestimmt. Eine Kuh auf der Weide vermeidet Giftpflanzen schließlich auch nicht anhand von Pharmaziehandbüchern.

Immerhin, es fehlt heute auch in Europa nicht an Wissen um bewährte indianische Medizinmannrezepturen aus beiden amerikanischen Subkontinenten. Und wie in der Alten Welt finden sich auch dort zahlreiche alkoholische Darreichungsformen.

Als Basis für Heilpflanzenmazerate stellte man schon zu Maya-, Inka- und Aztekenzeiten wein- und bierähnliche Getränke her, indem man Mais, Manlok, Honigwasser oder Agavensaft vergären ließ. Gezielt mazerierte man in diesen Gebräuen solche Heilpflanzen, deren Inhaltsstoffe nicht wasser-, wohl aber alkohollöslich sind.

Alkohol in der Neuen Welt

Wann man in der Neuen Welt zuerst Spirituosen destillierte, lässt sich schwer sagen. Vermutlich kannte man das Brennen schon vor Kolumbus' Ankunft. Es gibt genügend Hinweise auf entsprechende Getränke wie etwa *mescal* (Branntwein aus wild wachsenden Agaven). Verbreitet waren auch wein- und bierähnliche Gebräue aus stärkehaltigen Wurzeln, Mais, dem Saft der Agavenblätter und anderem. Oft wurden diesen Getränken schon früh Heilpflanzen zugesetzt.

Als mit den Spaniern und besonders den Portugiesen die Zuckerrohr-Schnapsbrennerei – ausgehend von der Karibik – in großem Stil begann, bedienten sich die Medizinmänner Mittel- und Südamerikas sofort des neuen »Lösungsmittels« für ihre therapeutischen Ansätze. Besonders stellten sie alkoholische Auszüge von Damiana, Sabalpalmenfrüchten, Condurangorinde, dem »Potenzholz« Muira-Puama, Datura und Sarsaparille her.

Soweit in diesem Buch indianische Heilpflanzen für Schnapsansätze empfohlen werden, basieren diese Ratschläge teils auf dem tradierten Wissen der Medizinmänner, teils aber auch auf modernen pharmazeutischen Erkenntnissen, welche Wirkstoffe sich besser in Alkohol als in Wasser lösen.

Heilpflanzenschnäpse aus dem Reich der Mitte

Jeder Kontinent hat, was Kräuterweine und Heilpflanzenschnäpse betrifft, seine eigenen Traditionen. Die klassischen Hochburgen sind dabei Europa, Amerika und vor allem das östliche Asien. Für Australien, Ozeanien und besonders auch Schwarzafrika fehlen uns heute noch zuverlässige Kenntnisse.

Jahrhundertelang war uns einschlägiges Wissen um chinesische Heilkräuterschnäpse kaum und zum Teil gar nicht zugänglich, obwohl es innerhalb des Landes gut dokumentiert ist und teilweise auf jahrtausendealten Traditionen aufbaut.

Ärzte im alten und modernen China

Interessant ist der chinesische Zugang zu den alkoholischen Heilpflanzenmazeraten. Anders als im alten europäischen keltischen oder germanischen Raum oder als im indianischen Kulturkreis, anders auch als in Alchemistenküchen mittelalterlicher Klöster wurde hier von frühester Zeit an so etwas wie systematische wissenschaftliche Methode betrieben. Die alten chinesischen Ärzte waren keine Geheimniskrämer, sie beobachteten das Volk, dessen Erfahrungen mit Heilpflanzen, ergänzten und systematisierten diese und schufen schon früh medizinische Lehrgebäude bezüglich der Wirkungsweise.
An diesem Vorgehen hat sich bis heute nichts geändert. Praktisch jede große chinesische Klinik betreibt intensive Heilpflanzen- und Volksmedizinforschung und veröffentlicht die Ergebnisse ihrer Arbeit sowohl in Fachpublikationen als auch in populären Schriften für das breite Publikum. Die typisch europäische Abgrenzung zwischen Schul- und Volksmedizin ist in China – zum großen Nutzen für beide – völlig unbekannt. So steht z. B. ein fundiert geschriebenes modernes »Handbuch der Familien-Diättherapie« gleichberechtigt neben einem mittelalterlich anmutenden, aber solide untermauerten »Compendium of Materia Medica«, der voluminösen mehrbändigen »Pharmacopeia der Volksrepublik China« oder zahlreichen guten Fachzeitschriften. Dieses äußerst umfangreiche Wissen ist uns seit einigen Jahren frei zugänglich. Aus ihm schöpft auch das vorliegende Buch, denn in China wurde die Kunst des alkoholischen Heilpflanzenmazerierens schon immer besonders gepflegt.

Die lange Tradition in China

Die Geschichte der chinesischen Heilpflanzengeister auf Alkoholbasis reicht wahrscheinlich bis in die Xia-Dynastie im 21. bis 16. Jahrhundert v. Chr. zurück. Allgemein verbreitet war sie mit Sicherheit schon während der Shang-Dynastie im 16. bis 11. Jahrhundert v. Chr. Man braute damals vor allem wein- oder bierartige Getränke aus Reis und Hirse und mazerierte oder kochte darin Heilpflanzen, aber auch Ameisen, Wespen, Schlangen, Organe oder Knochen von Säugetieren usw. In einem medizinischen Lehrbuch aus der Zeit der Han-Dynastie (206 v.–220 n. Chr.) wird betont, dass alkoholische Getränke als Drogenträger die besten aller Arzneimittel sind.

Im Gegensatz zur europäischen Heilkunde, die Krankheiten meist organspezifisch untersucht und behandelt, stimmt die chinesische Medizin ihre Therapien auf den gesamten Patienten ab. Sie behandelt kein Nierenleiden, ohne zuvor das kranke Herz zu sanieren, dessen Schwäche zur Nierenüberlastung führte. Sie setzt auch nicht bei dem Herzen an, solange die gesamten körperlichen, geistigen und seelischen Lebensumstände des Patienten nicht sicherstellen, dass ein neuerliches Herzversagen nicht schon vorprogrammiert ist.

Die besten und wirkungsvollsten Heilpflanzengeistrezepturen stammen aus China. Im Reich der Mitte hat man nicht versäumt, was in Europa und Amerika seit dem Zeitalter der Aufklärung ein Tabuthema ist: die wissenschaftliche Beschäftigung mit den millionenfachen Erfahrungen der Menschen.

Jahrhundertelang haben chinesische Ärzte wertvolles Wissen über Heilpflanzen und Heilpflanzengeister zusammengetragen.

Ganzheitliches Denken

Qi, die Lebensenergie, spielt in der chinesischen Heilkunde eine besonders große Rolle. Qi bezieht sich aber nicht nur auf den ganzen Menschen. Auch einzelne Körperregionen wie der Unterleib, die Leber oder die Lunge können ein Qi-Defizit aufweisen.

Die chinesische Medizin denkt in Kategorien, die dem europäischen Arzt vor der Aufklärung auch noch vertraut waren, als man den Zugang zu jahrtausendealtem Wissen noch nicht akademisch verschüttet hatte und damit den Wald vor Bäumen nicht mehr sah. Auch moderne chinesische Ärzte arbeiten mit den beiden Grundkräften des Lebens Yin und Yang, mit der Lebensenergie Qi, mit heißen und kalten Krankheiten. Sie bringen, in der modernen naturwissenschaftlichen Sprache des Westens formuliert, aus dem Ruder gelaufene Regelkreise wieder ins Lot und korrigieren verschobene Gleichgewichte.

Natürlich ist es für uns westliche Menschen nicht immer leicht, bewährte chinesische Heilschnapsrezepturen einfach zu übernehmen. Ein Großteil ihres therapeutischen Erfolgs hängt in vielen Fällen davon ab, sie »maßgeschneidert« auf den einzelnen Patienten abzustimmen. Das aber setzt Kenntnisse in der chinesischen Medizin voraus, deren Vermittlung den Rahmen dieses Buches bei weitem sprengen würde. Wir wollen uns deshalb hier auf solche Rezepturen beschränken, die sich sicher einzelnen Krankheitsbildern oder Vorbeugungswünschen zuordnen lassen. Auch von ihnen gibt es mehr als genug.

Und wir haben uns noch zwei weitere Einschränkungen auferlegt: Alkoholische Extrakte aus Tieren kommen in diesem Buch nicht vor, weder aus Waldameisen oder bestimmten Spinnen noch aus exotischen Schlangen oder gar Tigerknochen. Verzichtet haben wir auch – manchmal schweren Herzens – auf rein pflanzliche Mazerate, deren Zutaten in Deutschland nur schwer oder gar nicht erhältlich sind.

Einen bedeutenden Platz nehmen in der chinesischen Heilkunde Pilze ein, und die internationale moderne Forschung beweist, dass es dafür sehr gute Gründe gibt. Viele chinesische Pilzrezepturen in Form alkoholischer Mazerate versprechen u. a. Besserung und sogar Heilung bei Krebsleiden, bei Immunschwächekrankheiten (wie AIDS), die Verbesserung der allgemeinen körperlichen Leistungsfähigkeit und die Verlängerung des Lebens. Da der Großteil dieser Pilze in Deutschland selbst im Spezialhandel noch weitgehend unbekannt ist, haben wir im Buch auch auf diese Rezepturen verzichtet.

Welcher Alkohol eignet sich?

Alkoholische Heilpflanzenmedizinen lassen sich auf vielerlei Weise herstellen. Man kann die Arzneipflanzen – allein oder zusammen mit anderen Substanzen – ganz oder als Presssaft mit oder ohne Hefezusätze vergären lassen und daraus bier- oder weinartige Getränke herstellen. Handelsübliche Getreidebiere, trockene Traubenweine und auch höherprozentige Dessertweine wie Madeira, chinesischen Pflaumenwein oder den japanischen Reiswein Saki kann man heiß oder kalt mit Heilpflanzen ansetzen oder die Pflanzen darin gar kochen. Auch Pflanzenbiere und -weine können destilliert bzw. gebrannt werden, wie das etwa beim bekannten einheimischen Enzianschnaps geschieht. Und man kann schließlich alkoholische Auszüge (man spricht von Mazeraten) mit mehr oder weniger hochprozentigem Alkohol ansetzen. Wir beschränken uns auf das Letztere, und auch das ist eine Wissenschaft für sich.

Was soll man zum Mazerieren verwenden? Reinen Apothekenalkohol, 70-prozentigen Weingeist oder einen handelsüblichen Branntwein mit meist 38 bis 40 Volumenprozent Alkohol?

Reiner Weingeist

Zum einen kommt es auf die Stärke des Alkohols an. Sehr saftiges Obst sollte man mit möglichst hochprozentigem Alkohol »auslaugen«, weil der Saft der Früchte diesen stark verdünnt. Es macht nicht viel Sinn, einen Schnaps aus Holunderbeeren, Brombeeren oder Schlehen mit 38-prozentigem Obstler anzusetzen, weil das Resultat dann allenfalls eine Art Beerenwein wäre, ohne aber die geschmacklichen Vorzüge vergorener Beerenweine zu besitzen. Hier wird man wohl oder übel zu reinem 98-prozentigen Apothekenalkohol, wenigstens aber zu 70-prozentigem greifen müssen.

»Wohl« ist berechtigt, »übel« trifft aber auch zu, denn die derzeitige deutsche Alkoholsteuer macht ein solches Vergnügen von Anfang an zunichte, sofern man sich nicht völlig gesetzwidrig an eine der zahlreichen deutschen Schwarzbrennereien wenden möchte. Ein Liter Trinkalkohol kostet in der Apotheke heute mehr als 50 Euro. Bei Schwarzbrennereien bekommt man ihn für weniger als ein Fünftel. Doch die zahllosen bäuerlichen Hausdestillen in den Seitentälern der

deutschen Mittelgebirge sind nun einmal illegal. Wir haben deshalb die Auswahl an Beeren- und Obstschnäpsen auf ein unverzichtbares Minimum besonderer Leckereien reduziert.
Die Autoren der meisten älteren Schriften mit Kräuterschnapsrezepturen für Mazerate und auch noch so manches neuere Werk, das auf die alten Rezepte zurückgreift, schlagen fast immer vor, 98- oder 70-prozentigen Alkohol zum Ausziehen der Pflanzen zu verwenden und die so erhaltenen Extrakte anschließend mit destilliertem Wasser auf Trinkstärke herabzusetzen. Andere Bücher empfehlen, den reinen Alkohol schon vor dem Mazerieren mit destilliertem Wasser auf etwa 40 Prozent zu verdünnen. Vergessen Sie das alles getrost. Diese Angaben stammen aus jenen Zeiten, als fast jede Apotheke noch ihre eigenen Kräutergeister fabrizierte und als Spezialitäten des Hauses verkaufte. Zum Teil ist das heute noch der Brauch. So finden sich entsprechende Rezepte auch in vielen pharmazeutischen Lehrbüchern.

In vergangenen Zeiten stellte fast jeder Apotheker seine eigenen Kräuterschnäpse her. Reiner Alkohol war stets griffbereit, und kommerzielle Brände wie Rum, Obstler, Aquavit, Tresterschnaps (Grappa) oder Wodka waren den Pharmazeuten ohnehin suspekt, denn man konnte sich der Inhaltsstoffe nie ganz sicher sein.

Wodka, Doppelkorn und Obstler

Ein Kräutermazerat, das man mit reinem Alkohol ansetzt, bringt keine Vorteile, dafür einige Probleme mit sich. Zum einen löst Alkohol nur einen Teil der Heilpflanzenwirkstoffe. Es gibt aber auch solche, die sich in Alkohol nicht, sehr wohl aber in Wasser lösen. Deshalb sollte man – wenn man nicht aus bestimmten Gründen gezielt die wasserlöslichen Substanzen ausklammern will – von Anfang an ein Gemisch aus Alkohol und Wasser zum Mazerieren verwenden. Wodka, Obstler usw. enthalten beide Lösungsmittel: Alkohol und Wasser.
Wasser wird als Lösungsmittel meist unterschätzt. Aber es ist ausgerechnet die Flüssigkeit, in der sich bei weitem die meisten aller Stoffe lösen; ganz besonders jene, die im lebenden Organismus wirksam werden, denn auch dieser arbeitet mit wässrigen Lösungen.
Noch immer schlagen viele Apotheker vor, zum Mazerieren eine Mischung aus 70 Prozent Alkohol und 30 Prozent Wasser zu verwenden, um anschließend auf Trinkstärke zu verdünnen. Das hat für die Herstellung hochkonzentrierter Tinkturen (meist für die äußere Anwendung) durchaus Berechtigung. Für alkoholische Heilschnäpse ist es

weniger sinnvoll. Die 70-prozentige Flüssigkeit löst nämlich genauso viele Wirkstoffe, wie es der Sättigung des in ihr enthaltenen Alkohols einerseits und jener des Wassers andererseits entspricht. Verdünnt man das Getränk später mit Wasser, dann ändert sich dieses Verhältnis, und ein Teil der alkohollöslichen Substanzen fällt in Gestalt einer feinen Trübung oder Flockung wieder als Festkörper aus, und die lässt sich meist nur sehr mühsam – wenn überhaupt – aus dem Getränk herausfiltern. Das schadet zwar grundsätzlich nicht, schön sieht ein trüber Kräuterschnaps aber trotzdem nicht gerade aus. Und das Auge genießt schließlich mit. Manchmal allerdings schmeckt dieser Trub auch richtig widerwärtig.
Das alles kann vermeiden, wer seine Heilpflanzengeister von Anfang an mit jenem Alkohol ansetzt, der der späteren Trinkstärke von 38 bis 40 Prozent entspricht. Erfreulicherweise ist das zugleich der billigste und qualitativ geeignetste. Aber nicht jeder handelsübliche Branntwein eignet sich gleichermaßen zur Heilpflanzenmazeration. Auch hier steckt mehr dahinter, als man auf dem ersten Blick vermuten könnte.

Alkoholische Getränke können sich sehr unterschiedlich auf den Organismus auswirken. Bier z. B. macht müde, Wein beschwingt eher. Sekt macht je nach Veranlagung, Stimmung und Dosis müde oder munter.

Die richtige Wahl

Manche hochprozentigen Getränke regen in geringen Mengen an oder erhitzen den Körper gar, andere unterstützen eine Depression. Eines aber ist allen alkoholischen Getränken gemeinsam: Im Gegensatz zu Nikotin, das auf das periphäre Nervensystem wirkt, greift Alkohol am zentralen Nervensystem an. Geringe Mengen beruhigen es, größere Dosen schläfern es ein und setzen es teilweise völlig außer Funktion. Hier liegt auch die Gefahr des Alkohols bei übertriebenem Konsum. Die Folgen seiner Beeinflussung des Zentralnervensystems sind nicht nur physiologische – wie eine momentane Erweiterung der Blutgefäße durch Erschlaffen der Adernwände –, sondern auch psychische. Alkohol enthemmt. Dadurch haben es Emotionen leichter, an die Oberfläche zu gelangen. Bei offenen Charakteren ist das meist unproblematisch. Bei hemmungsgeladenen Menschen, die ihre Gefühle nicht gerne zeigen, kann etwas stärkerer Alkoholgenuss zu regelrechten Stimmungsausbrüchen führen, von tiefen Depressionen bis zur hemmungslosen Zerstörungswut. In diesem ohnehin emotional empfänglichen Zustand spielt der Rohstoff, aus dem ein Brand destilliert ist, eine große Rolle.

Ein Kornbrand wirkt anders als ein Obstler, Rum anders als Reisschnaps, Gin, Aquavit oder ein Kartoffeldestillat. Wer gelegentlich verschiedene scharfe Sachen »über den Durst« trinkt, kennt die großen Unterschiede in Charakter und Stärke des nachfolgenden Katers.

Natürlich sind solche Betrachtungen bei Heilschnäpsen recht müßig, denn die Dosierungen sind stets so gering, dass sich ein Schwips von selbst ausschließt. Dennoch spielt der Rohstoff des Brandes auch hier eine bedeutsame Rolle, denn er hat nun einmal seinen ganz bestimmten Charakter, und der sollte möglichst mit den Inhaltsstoffen der Heilpflanzen harmonieren und ihnen nicht widersprechen.

»Routinierte Trinker« haben die Faustregel entwickelt, dass man nichts Artfremdes durcheinander trinken sollte, wenn man am nächsten Tag ohne schweren Kopf erwachen will. Bier und Korn vertragen sich, denn beide sind aus Getreide hergestellt. Für Wein und Weinbrand gilt Gleiches. Beide gehen auf Trauben zurück. Obstler und Wein vertragen einander schon etwas schlechter, obwohl beide aus Früchten produziert werden, aber Obst ist nicht gleich Obst. Niemand wird gerne Weintrauben und Zwetschgen durcheinander essen. Wein und Korn oder Wein und Bier z. B. sind krasse Gegensätze, die sich gar nicht miteinander vertragen.

Die Wirkung verschiedener Alkoholika auf den Organismus ist sehr unterschiedlich. Wein beschwingt in der Regel.

Obstler zu Früchten, Korn zu Samen

Grundsätzlich gilt Ähnliches für gute Heilpflanzenschnäpse. Beerenauszüge sollte man nicht gerade mit Korn oder Wodka, der heute kaum noch aus Kartoffeln, sondern fast immer ebenfalls aus Getreide gebrannt wird, ansetzen. Stattdessen empfiehlt sich ein guter Obstler. Es muss nicht Himbeergeist oder Williams Christ sein. Diese Brände haben einen zu starken Eigengeschmack. Es gibt neutralere Obstler, die durch ihr harmonisch ausgewogenes mildes Aroma den Charakter des jeweiligen Beerenschnapses noch angenehm unterstreichen. Sie eignen sich hervorragend auch für Ansätze mit trockeneren Früchten wie Hagebutten oder Wacholderbeeren.

Für krautige Pflanzenteile – Blätter und Stängel – eignet sich weißer Rum, sofern dieser wirklich »echt« ist. Viele handelsübliche Produkte – vor allem die braunen – sind gar keine Zuckerrohrschnäpse, sondern aromatisierte Brände aus irgendetwas. Völlig ungeeignet für unsere Zwecke ist der hochprozentige und billige österreichische »Strohrum«. Zum Ansetzen von Samen, Rinden, Wurzeln und Rhizomen hat sich klarer, reiner Doppelkorn bewährt. Ganz besonders aber ist hierfür ein qualitativ hochwertiger Wodka zu empfehlen. Doch Vorsicht: Nicht jeder handelsübliche Wodka eignet sich gleichermaßen gut. Wodka hat zudem den Vorteil, dass er sich sowohl geschmacklich wie hinsichtlich seiner Inhaltsstoffe vorzüglich mit den meisten Heilpflanzen verträgt, so dass man ihn besonders bei Drogenmischungen verwenden sollte, die z. B. Trockenbeeren, Rinden und Wurzeln miteinander kombinieren.

Alkoholika mit starkem Eigengeschmack wie Gin, Kümmel, Kognac oder Armagnac sollte man grundsätzlich nicht zum Mazerieren verwenden. Allerdings gibt es in dieser Hinsicht nicht wenige traditionelle Ausnahmen. So benutzen die Südtiroler Bergbauern meist klaren Tresterschnaps (Grappa) für ihre Heilkräuteransätze.

Eines versteht sich schließlich fast von selbst: Niemals sollte man innerhalb ein und desselben Mazerats verschiedene Schnäpse mischen. Wenn also gerade mal der Wodka ausgeht, dann darf man auf keinen Fall einfach mit Obstler auffüllen, was noch fehlt.

Für Ansätze mit Beeren und anderen Früchten eignen sich ganz besonders erstklassige Obstler, wie etwa jener der Firma Schladerer. Zum Ansetzen von Samen, Rinden und Wurzeln eignet sich vor allem guter Wodka, z. B. die Marke Gorbatschow. Beide haben sich in zahlreichen Experimenten des Autors bestens bewährt.

Unter freiem Himmel in der grünenden Natur – allein das Sammeln von Kräutern ist für viele Menschen entspannend.

Von der Heilpflanze zum Kräutergeist

Zwar geben wir bei den einzelnen Rezepten dieses Buches stets genaue Anweisungen zur Herstellung, dennoch sollen schon hier allgemeine Hinweise und Ratschläge vorausgehen, die dem Gelingen förderlich sind, die von Anfang an Fehler vermeiden helfen und manches vielleicht ein wenig einfacher machen.

Weil sich dieses Buch ausschließlich mit Ansatzschnäpsen und in geringem Umfang auch mit Likören befasst, brauchen wir auf Verfahren zur Herstellung von Medizinalbieren und -weinen ebenso wenig einzugehen wie auf Weinmazerate, Weinabkochungen oder auch Destillationsmethoden.

Fast durchweg basieren die Rezepte dieses Buches auf der Kaltmazeration, also der Lösung der Pflanzenwirkstoffe in alkoholischen Getränken bei Raumtemperatur. Nur selten werden Rezepte für Heißmazerate und Decocte (Abkochungen) gegeben. Wir wollen hier diese drei wichtigsten Verfahren in ihren Grundzügen umreißen.

In Dänemark, wo das Ansetzen von Kräuterschnäpsen fast zum Volkssport geworden ist, greift man gern zum Aquavit mit seinem ausgeprägten Kümmelgeschmack. Hier gilt die Regel: Man nimmt eben, was man hat. Fast immer harmoniert das dann auch mit den regionalen Kräuterschnapsrezepturen, die darauf abgestimmt sind.

Beschaffung und Vorbereitung

Allen drei Methoden sind die Beschaffung und die Vorbereitung der Zutaten, vor allem natürlich der Pflanzen, gemein.

Viele Heilpflanzen kann man selbst in der freien Natur sammeln oder sogar im eigenen Garten anbauen. Bei der Ernte sind einige wichtige Grundregeln zu beachten, die nicht zuletzt davon abhängen, welche Pflanzenteile – Blüten, Früchte, Samen, Blätter, das ganze Kraut, Rinden, Rhizome (Wurzelstöcke) oder Wurzeln – verwendet werden sollen. Grundsätzlich sammelt man nur gesunde Pflanzen, also keine fleckigen, missfarbigen, von Schnecken, Insekten, Schimmel oder auch größeren Pilzen befallene Pflanzen.

Blätter und Stängel

Erntet man für die Zubereitung von Wildgemüsen die Blätter meist, solange sie noch jung und zart sind, so nimmt man für Heilkräuteransätze die Blätter und Stängel erst zum Höhepunkt ihrer Entwicklung, also kurz vor der Blüte der Pflanzen. Dann enthalten sie die meisten und besten Wirkstoffe. Dabei kann man noch differenzieren. Blätter, die ätherische Öle enthalten, erntet man am vorteilhaftesten kurz vor der Entfaltung der Blüte, also erst, wenn die Knospen voll entwickelt sind, andere bereits etwas früher.

Grundsätzlich erntet man die Pflanzen an trockenen, sonnigen Tagen, und zwar etwa um die Mittagszeit. In den Morgenstunden und am frühen Vormittag sind sie oft noch feucht vom nächtlichen Tau. Sie würden dann beim Trocknen dunkel oder gar schimmlig. Auch sollte man die trocken gesammelten Pflanzen nicht waschen, sondern nur trocken von anhaftendem Staub und anderen Verunreinigungen befreien.

Zu spät am Nachmittag sollte man auch keine Pflanzen schneiden, denn nach einem sonnigen Tag ist der Wirkstoffgehalt oft nicht optimal. Eine Ausnahme machen hierbei natürlich ausgesprochene Schattenpflanzen und Wurzeln.

Blätter kann man einzeln pflücken, oder man schneidet den ganzen Stängel ab und streift sie ab. Wichtig ist, dass man sie dabei nicht quetscht. Druckstellen werden beim Trocknen dunkel und sind medizinisch wertlos, weil die darin enthaltenen Wirkstoffe meist oxidieren.

Schon bei der Ernte von Kräutern sollte man streng auf Sortenreinheit achten und darauf, dass man keine Grashalme, Sand oder Erde mitnimmt (eine Ausnahme bilden dabei natürlich Wurzeln).

Blüten

Besonders sorgsam muss man natürlich mit den empfindlichen Blüten umgehen. Sie sollte man vormittags, kurz nach ihrem Aufgehen schneiden. Diese Zeit ist von Art zu Art allerdings verschieden. Voll geöffnete oder gar schon leicht welke Blüten besitzen nur geringerwertige Inhaltsstoffe. Stark duftende Blüten schneidet man am besten, wenn die Knospe gerade beginnt, sich zu öffnen. Sammelt man das ganze Kraut, also Spross, Blätter und Blüten gemeinsam, dann wählt man am günstigsten den Beginn der Blütezeit.

Ganzes Kraut

Mit einem scharfen Messer schneidet man die Pflanze so hoch über dem Boden ab, dass untere, verholzte Teile stehen bleiben. Auf keinen Fall sollte man die Wurzeln mit herausreißen, es sei denn, man möchte diese ausdrücklich verwenden. Überhaupt ist das Abschneiden dem Abreißen oder Abknicken vorzuziehen, weil man dabei Druckstellen vermeidet.

Ganz gesammelte Kräuter säubert man sofort nach dem Abschneiden von darauf sitzenden Insekten, anhaftenden Trockenteilen, Verunreinigungen und verholzten Stellen.

Am besten sammelt man Heilpflanzen dort, wo sie ohnehin recht sauber sind, also keinesfalls in der Nähe stark befahrener Autostraßen.

Beeren, Früchte und Samen

Beeren, Früchte und Samen sollte man schon kurz vor der Reife ernten, weil sie sonst leicht abfallen. Man kann sie zu Hause einige Tage nachreifen lassen.

Bei zeitlich ungleichmäßiger Samenreife – wie bei vielen Doldengewächsen – muss man meist mehrfach ernten. Man schneidet immer nur die gerade reifen Dolden.

Holunderbeeren sollten Sie nie roh essen, sie können Übelkeit verursachen. Entfernen Sie noch unreife Beeren aus den geernteten Dolden.

Wurzeln und Rhizome

Wurzeln und Wurzelstöcke (Rhizome) gräbt man nicht dann aus, wenn die Pflanzen in voller Entwicklung stehen, sondern während der Ruhezeit, also im Spätherbst oder im sehr zeitigen Frühjahr. Sie haben dann die wertvollsten Substanzen gespeichert. Hierbei spielt die Tageszeit keine Rolle. Wurzeln zweijähriger Pflanzen sticht oder gräbt man im Herbst des ersten Jahres oder im Frühjahr des zweiten Jahres aus. Wurzeln ausdauernder Pflanzen lässt man ein oder zwei Jahre mehr Zeit für ihre Entwicklung.

Beim Sammeln von Wildpflanzen muss man darauf achten, dass viele Heilpflanzen unter strengem Artenschutz stehen. Für manche ist nur das kommerzielle Sammeln, für andere nur das Ausgraben der Wurzeln und für wieder andere jedes Pflücken gesetzlich verboten.

Trocknen

Grundsätzlich ist es ratsam, die Pflanzen oder Pflanzenteile vor dem Mazerieren wenigstens einen Tag lang warm, aber im Schatten übertrocknen zu lassen (bei saftigen Früchten erübrigt sich das natürlich). In den meisten Fällen ist es aber durchaus sinnvoll, vor allem Blätter und Stängel zunächst ganz durchzutrocknen. Man hat dann Vorräte und ist z. B. bei Mischrezepturen mit unterschiedlich langen Ansatzzeiten der einzelnen Zutaten zeitlich flexibler. Zugleich ist das auch ein guter Grundstock für Kräutertees.

Das Trocknen kann mit natürlicher oder künstlicher Wärme erfolgen. Auf jeden Fall werden die Blätter, Stängel und Blüten unmittelbar nach der Ernte sorgfaltig sortiert und in möglichst dünner Schicht ausgebreitet. Beim Trocknen dürfen die Pflanzen niemals in praller Sonne liegen. Es muss schon ein warmes schattiges Plätzchen sein. Gut geeignet sind luftige Dachböden.

Als Trockenunterlage nimmt man am besten einen Holzrahmen mit eingezogenem feinmaschigem Fliegengitter. Dafür darf man aber kein nach Kunststoff riechendes Material verwenden, weil die Pflanzen nur allzu leicht sämtliche Duft- und auch Schadstoffe aufnehmen würden. Am besten ist eine alte Tüll- oder Storegardine. Auf dieser Unterlage kann ungehindert von allen Seiten Luft an die Pflanzen, und man braucht sie kaum zu wenden. Größere ganze Kräuter kann man zum Trocknen auch mit Klammern einfach an die Wäscheleine hängen.

Ist das Wetter unfreundlich oder will man größere Pflanzenmengen trocknen, dann empfiehlt sich künstliche Wärme. Man legt das Dörrgut in die Nähe von Heizkörpern, achtet aber darauf, dass Temperaturen um 35 °C nicht überschritten werden, weil sonst die ätherischen Öle entweichen. In Fachgeschäften gibt es auch sehr preiswerte und gute elektrische Trockengeräte.

Folgende Pflanzen und Pflanzenteile sollte man auf jeden Fall mit künstlicher Wärme trocknen: sehr saftige Pflanzen (z. B. die Königskerze), in Scheiben geschnittene Früchte und alle Wurzeln. Die Letzteren werden zuvor sorgfältig in kaltem, fließendem Wasser gewaschen und – wenn nötig – leicht abgebürstet. Sehr dicke Wurzeln spaltet man der Länge nach. Hier braucht man etwas Geduld. Dörrt man Wurzeln nämlich zu schnell, dann verhärtet die äußere Haut rasch und lässt die Feuchtigkeit aus dem Inneren nicht mehr durch. Die scheinbar trockenen Wurzeln beginnen dann später, von innen heraus zu schimmeln. Beendet ist der Trockenvorgang immer dann, wenn das Gut knisterspröde ist, also die Blätter und Blüten dürr rascheln und die Stängel und Wurzeln knackend brechen.

Pflanzen, die tagsüber im Freien ausgebreitet trocknen, dürfen über Nacht nicht zusammengeschoben oder aufgehäuft werden. Auf diese Weise können sie bei sinkender Temperatur schwitzen und dabei anfangen, innerlich zu gären.

Aufbewahren

Aufbewahrt werden die getrockneten Pflanzen entweder in luftdurchlässigen Leinen- oder Nesseltuchsäckchen in staubarmen und trockenen Räumen (Dachboden) oder in völlig luftdicht schließenden – möglichst dunklen – Weithalsgläsern oder Dosen.

Naturschutz

Wer die Natur liebt, sollte sich an Pflanzenschutzvorschriften halten und auch sonst keinen unnötigen Schaden anrichten. Selbst wenn Sie Brennnesselblätter ernten, ist es ungut, die Pflanzen zuerst mit den ganzen Wurzeln auszureißen, um die Blätter danach abzustreifen. Sie zerstören damit unnötig natürliche Kleinbiotope, die Lebensräume Hunderttausender winziger Bodenbewohner sind. Auch sollten Sie nicht mehr Pflanzen sammeln, als Sie für Ihre Heilzwecke benötigen.

Bezugsquellen für Heilpflanzen

»Was dem einen sin Uhl, ist dem anderen sin Nachtigall«, sagt ein norddeutsches Sprichwort. So mancher betrachtet das Heilpflanzensammeln als schon fast eigenständiges Hobby, das ihn zugleich hinaus in die Natur führt. Anderen sagt es weniger zu. Nun, Sie brauchen sich die bis hier beschriebene Arbeit nicht zu machen, denn fast alle in diesem Buch verwendeten Heilpflanzen oder Pflanzenteile kann man auch fertig kaufen. Viele bekommen Sie in Reformhäusern und auf gut sortierten Wochenmärkten. Ihr Apotheker kann Ihnen meist auch bei der Beschaffung seltener oder ausländischer Heilpflanzen (Sabal-Palmenfrüchte, Damianablätter usw.) mit Rat und Tat zur Seite stehen. Doch auch das hat seine Grenzen. Manche Apotheken beschäftigen sich nur wenig mit diesem Thema.

Vor allem die zahlreichen von uns warm empfohlenen chinesischen Heilpflanzen sowie einige der indianischen Pflanzendrogen sind auch im deutschen Apothekenhandel heute leider noch weitgehend unbekannt. Hier helfen nur Spezialisten für ethnomedizinische Drogen, die schnell und in hoher Qualität per Post liefern. Die Anschrift eines ausgezeichneten Lieferanten finden Sie auf Seite 94 .

Samen, Früchte, Rinden und Wurzeln braucht man zum Trocknen nicht unbedingt in den Schatten zu legen. Ihnen macht auch volle Sonne nichts aus. Alle krautigen Teile jedoch sollten nicht der direkten Sonne ausgesetzt werden.

Traditionell sollen Kräuter fürs Trocknen nur bis Mariä Himmelfahrt (15. August) gepflückt werden, denn dann besitzen sie die größte Heilkraft.

Die Kunst des Mazerierens

Sind die erforderlichen Heilpflanzenteile und der zu verwendende Trinkalkohol bereit, dann geht es an das eigentliche Mazerieren.

Erforderliche Geräte

Die angegebenen Mazerierzeiträume sind Durchschnittswerte und beziehen sich auf Raumtemperatur. Ist es deutlich kälter (nicht unter etwa 10 °C), muss man die Zeiten bis auf das Anderthalbfache verlängern; ist es wärmer (nicht über 30 °C), dann kann man sie bis etwa 20 Prozent verkürzen. Im Winter sollten Sie grundsätzlich etwa 20 Prozent länger mazerieren.

An Gerätschaften braucht man denkbar wenig. Zunächst sind verschließbare Weithalsgefäße erforderlich. Weil man für den Hausgebrauch meist in Litergrößenordnung denkt und keine größeren Mengen herstellen möchte, eignen sich dafür hervorragend ganz normale Ein-Liter-Milchflaschen aus Glas. Ihr Hals ist weit genug, um die Pflanzenteile mühelos hinein- und später auch wieder herauszubekommen. Wichtig ist eine sehr exakte Waage. Weil die Dosierungen im Grammbereich liegen, eignen sich normale Haushaltswaagen weniger. Eine Briefwaage ist da schon besser. Für das Abmessen von Flüssigkeiten baucht man einen Messbecher.

Benötigt wird außerdem ein Filter. Fast immer genügen dabei geschmacksneutrale 1/2-Liter-Kaffeefilter, die man einfach in einen handelsüblichen Kunststoff-Filtertrichter einlegt. Nur wer sehr feine Pflanzenpulver (z. B. fein gemahlenen Ingwer) oder Ähnliches verwendet, oder wer nach dem Mazerieren den Alkoholgehalt des Getränks ändert, wird mit Schwebeteilchen zu kämpfen haben, die durch jeden Kaffeefilter hindurchgehen und statt eines klaren Filtrats eine trübe Flüssigkeit liefern. Wer auch diesen Trub beseitigen will, der muss schon ein weitaus feineres Filtervlies verwenden. Hier hilft der Apotheker.

Wer Früchte auspressen will, sei es vor dem Mazerieren oder danach, der schlägt sie am besten in ein großes sauberes Leinentuch (Gläsertuch, Stoffserviette o. a.) ein und dreht den so entstandenen Beutel von oben nach unten zusammen. Dieses immer trübe Vorfiltrat muss anschließend noch durch einen Kaffeefilter laufen.

An »Apparaturen« ist das bisher genannte eigentlich schon alles, es sei denn, man arbeitet heiß. Dann braucht man freilich noch einen Herd und ein paar Töpfe.

Kaltmazerieren

Dieser Prozess ist denkbar einfach: Die sorgfältig zerkleinerten Pflanzenteile (Rinden, Wurzeln, Samen und Stängel im Mörser zerstoßen, leicht anmahlen oder in Scheibchen schneiden) werden genau abgewogen und in das Weithalsgefäß gegeben. Dann füllt man die Flasche (bei größeren Ansatzmengen leisten auch Einmachgläser, die es bis fünf Liter gibt, gute Dienste) einfach mit Wodka, Korn oder Obstler auf und stellt sie an einen nicht zu kalten Ort. Im Allgemeinen wählt man einen schattigen Platz. Einige Pflanzen – darunter Brennnesseln – lieben beim Mazerieren aber Wärme und darüber hinaus die volle Sonne. Täglich mindestens einmal wird der Ansatz kräftig durchgeschüttelt.
Die Ansatzdauer richtet sich nach den Inhaltsstoffen und kann sehr unterschiedlich lang sein. Im Allgemeinen liegt sie zwischen 14 Tagen und zwei Monaten. Eine Ausnahme bilden frisch geerntete – also nicht getrocknete – Blüten und Blätter. Sie sollte man höchstens fünf bis zehn Tage lang ansetzen.
Danach wird grob abgeseiht, und saftige sowie stark aufgequollene Bestandteile werden ausgepresst. Anschließend muss die durchgeseihte Flüssigkeit noch gefiltert werden.

Babywindeln, egal in welcher Ausführung, eignen sich überhaupt nicht zum Filtrieren! Sie haben ein zu großes Saugvermögen, außerdem können sie eventuell präpariert sein.

Beim Kaltmazerieren setzt man die zerkleinerten Pflanzenteile z. B. mit Wodka, Obstler oder Korn an und lässt das Ganze eine Zeitlang ziehen.

Bei relativ festen Zutaten (Wurzelstücken, Rhizomen, Rinden, harten Blättern) kann man sich das Seihen vor dem Filtrieren meist sparen.

Nach dem Seihen und Filtern ergibt sich dann – je nach dem verwendeten Pflanzenvolumen – stets ein mehr oder weniger großes Defizit, gemessen am ursprünglichen Ansatzvolumen. Dieses ergänzt man einfach mit der entsprechenden Menge des gleichen alkoholischen Getränks. Hatte man also z. B. ein Mazerat in einer Literflasche angesetzt und erhält man nach dem Filtrieren nur 850 Milliliter Flüssigkeit, dann gießt man noch 150 Milliliter Wodka o. a. zu. Die Mengenangaben bei Rezepturen in diesem Buch sind durchweg auf dieses Verfahren abgestimmt.

Ob und wie lange man das fertige Mazerat jetzt noch lagert, bevor man es kredenzt, hängt zum einen vom Verwendungszweck, zum anderen vom persönlichen Geschmack und letztlich von der eigenen Geduld ab. Obst- und Kräuteransatzschnäpse, die man vorwiegend als »Leckereien« produziert, sollte man frühestens ein bis zwei Monate nach dem Filtrieren genießen. Je länger sie lagern, desto besser. Ihr Aroma reift noch erheblich aus und wird runder und voller.

Manchmal zeigt sich dann auch noch ein nachträglicher leichter Niederschlag in der Flasche, die man stets dunkel, stehend und etwa zimmerwarm aufbewahren sollte. Dieser Bodensatz ist völlig unbedenklich. Auch alter Portwein oder Madeira zeigt ihn, und dort gilt er dem Kenner sogar als Qualitätsmerkmal. Wen das aber stört, der kann gern nochmals filtrieren, jetzt aber mit einem doppelten, dreifachen oder einem feineren Filter. Für die rein medizinische Anwendung ist eine mehrmonatige Ruhezeit nicht erforderlich. Man kann die Heilpflanzengeister sofort verwenden. Bei manchen ist der Geschmack auch nicht gerade so berauschend, dass längeres Lagern aus ihnen erlesene Genussmittel machen würde.

Heißmazerieren

Die Heißmazeration unterscheidet sich nicht wesentlich von der Kaltmazeration.

Alkoholisches Getränk und Pflanzenteile werden zunächst in einen Topf gegeben (er sollte nicht mehr als halb voll sein), der seinerseits in einen noch größeren, wassergefüllten Topf kommt. In diesem Wasserbad wird der Inhalt so stark erhitzt, bis er gerade zu kochen beginnt. Dann nimmt man den Topf sofort vom Herd, weil sonst der Alkohol verdampft. Danach gießt man die noch heiße Schnaps-Pflanzen-Mischung in ein Weithalsgefäß und verschließt dieses gut. Man lässt es nun 10 bis 15 Tage lang stehen, wobei man täglich einmal schüttelt. Danach wird abgeseiht und gegebenenfalls der Pflanzenrückstand ausgepresst. Die erhaltene Flüssigkeit muss man wie bei der Kaltmazeration anschließend noch filtrieren, eventuell mit der fehlenden Schnapsmenge ergänzen und auf Flaschen ziehen.

Stillen, aber ungeduldigen Genießern sei ein Geheimtipp verraten: Geben Sie pro Liter fertiges Mazerat einen einzigen Tropfen niederprozentiges Wasserstoffperoxid in die Flasche. Das verkürzt den Reifungsprozess, denn es beschleunigt die Oxidation, und nichts anderes ist das Ausreifen des Aromas.

Decoct oder Abkochung

Von der Abkochung (Decoct) wird in diesem Buch nur sehr selten Gebrauch gemacht. Sie sollte nur bei kalt nicht gut löslichen Inhaltsstoffen, vor allem bei stärke- oder harzhaltigen Pflanzen angewandt werden.

Zunächst gibt man die zerkleinerten Pflanzenteile in einen Topf und übergießt sie so weit mit Wasser, dass dieses sechs bis zehn Zentimeter übersteht. Das Ganze lässt man vier bis sechs Stunden zugedeckt ziehen. Danach kocht man die Flüssigkeit ein bis zwei Stunden lang, filtriert, kocht die Filterrückstände erneut mit Wasser, filtriert diese wieder und mischt die beiden Filtrate anschließend. Die Mischung lässt man sechs bis zehn Stunden ruhen. Danach filtriert man erneut und kocht die jetzt klare Flüssigkeit auf etwa die Hälfte bis ein Drittel ihres Volumens ein. Nach dem Abkühlen setzt man 1:1 50- bis 60-prozentigen Alkohol zu.

Die gut durchgerührte Mischung lässt man in einer fest verschlossenen Flasche etwa sieben Tage lang dunkel stehen, diesmal, ohne zwischendurch zu schütteln. Danach kann man – falls erforderlich – noch einmal filtrieren, bevor man endgültig auf Flaschen zieht.

Das Produkt ist hinsichtlich des alkoholischen Prozentsatzes schwächer als die Kalt- oder Heißmazerate. Es schmeckt entsprechend milder und meist sehr aromatisch. Keineswegs zu empfehlen ist diese Methode für stark duftende Pflanzen, weil deren ätherische Öle dabei völlig verloren gehen.

Was, für wen, wann, wie und warum?

Eins taugt nicht für alle. Ein verantwortungsbewusster Arzt wird zwei Menschen, die unter sehr ähnlichen Krankheitssymptomen leiden, nicht dasselbe Medikament verschreiben. Auch unsere Rezepte sollten individuell angewendet werden.

Die Menschen in unserem Kulturkreis haben es sich angewöhnt, nach Gebrauchsanweisungen zu leben. Gewiss, technische Produkte in einer technisch dominierten Umwelt machen Gebrauchsanweisungen erforderlich. Aber damit lassen wir es leider nicht bewenden. Wir fahren nach Gebrauchsanweisung (Reiseführer) in den Urlaub, meist noch in Gruppen gebündelt mit fachkundiger Reisebegleitung. Und wir ziehen sogar mit Gebrauchsanweisungen (Wanderkarten, Pflanzenbestimmungsbüchern usw.) in die Natur. Wir nehmen Pillen nach Gebrauchsanweisungen (ärztliche Rezepte), und wir gestalten unseren Alltag nach Gebrauchsanweisungen (Arbeitsanleitungen, Freizeitführer und Hobbybücher). Selbst ein Wochenendseminar unter dem Titel »Seien Sie kreativ – unsere erfahrenen Spezialisten gestalten Ihre künstlerischen Arbeiten« hätte in unseren Breiten gute Chancen.
Das alles führt am Selbstleben und Erleben drastisch vorbei. Wir haben uns angewöhnt, ein Secondhandleben zu führen, uns von anderen leben zu lassen und dafür auch noch zu bezahlen. Unsere Instinkte sind verkümmert, der Mut zur eigenen Schöpferkraft ist weitgehend verloren gegangen. Das Wichtigste, das wir besitzen, unseren eigenen Körper, kennen wir praktisch nur noch aus Büchern, von Röntgenbildern und klinischen Befunden, statt ihn selbst zu fühlen, statt selbst zu wissen, was er wann braucht.

Rezepte sind Vorschläge und keine Vorschriften

Natürlich ist auch das vorliegende Buch nichts anderes als eine Sammlung von Gebrauchsanweisungen. Und in der Tat wäre es töricht, auf weitergebbare Erfahrungen verzichten zu wollen. Das würde jeden Fortschritt im Keim ersticken. Aber bitte erwarten Sie von diesem Buch nicht, dass es Ihnen exakt vorschreibt, was Sie wogegen verwenden müssen, um innerhalb der und der Zeit den oder jenen Erfolg zu erzielen.
Es geht um Ihre Gesundheit, um Ihren höchstpersönlichen Körper, und der ist schließlich keine genormte Maschine. Er ist weder natur-

wissenschaftlich berechenbar, noch fügt er sich irgendwelchen dubiosen esoterischen Geheimrezepturen. Wer nach dergleichen strebt, sucht Sicherheit. Und wer Sicherheit sucht – so Franz Kafka –, der wird letztlich nichts anderes finden als Angst. Deshalb nennen wir auch in diesem Buch nicht *das* Rezept gegen *die* Krankheit, sondern geben jeweils zahlreiche bewährte Rezepturen an. Die Wahl müssen Sie dann selbst treffen.
Bitte kommen Sie dabei nicht mit landläufigen Argumenten wie »Ich kenne doch die Inhaltsstoffe gar nicht« oder gar »Ja, aber ich weiß doch nicht, was für mich gut ist«. Genau das müssen Sie schon selbst herausfinden, wenn Sie gesund werden und auf Dauer gesund bleiben wollen.

Gesundheit ist eine Sache des Lebensstils

Hören Sie mit allen Sinnen in Ihren Körper hinein, und finden Sie aus der Fülle der hier vorgestellten Rezepte die heraus, die für Sie am geeignetsten sind.

Kein noch so guter Arzt oder auch Naturheiler kann Ihnen helfen, wenn Sie dabei nicht selbst aktiv mitmachen, wenn Sie Ihr Leben und Ihren Körper nicht selbst in die Hand nehmen. Wählen Sie deshalb unter den verschiedenen Rezepturen gegen ein und dieselbe Krankheit oder für ein und dieselbe Prophylaxe so lange, bis Sie das für Sie Richtige gefunden haben, und wenn Sie es in diesem Buch nicht finden, dann scheuen Sie sich nicht, anderswo zu suchen. Es lohnt sich. Vielleicht liegen Ihnen Tees, Pulver oder pflanzliche Rohkost mehr als Kräuterschnäpse. Dann wenden Sie sich diesen zu. Oder versuchen Sie mehreres nebeneinander. Monokulturen in der Natur sind niemals gut.
Um wirklich gesund zu werden und zu bleiben, kommt es auf den ganzen Lebensstil an. Heilpflanzen können immer nur korrigierend oder ergänzend wirken. Gewöhnen Sie sich ab, nach strengen Rezepten zu leben (es sei denn, Sie nehmen gerade nach ärztlichen Vorschriften Antibiotika o. a.).
Auch die in diesem Buch gemachten Dosierungsangaben sind keine festen Vorschriften, die es sklavisch einzuhalten gilt, sondern allgemeine Richtlinien. Wer mit der ängstlichen Frage »Habe ich heute schon meinen Heilkräuterschnaps genommen?« zu Bett geht, macht

irgendetwas falsch. Er lebt unter inneren Zwängen, und die verkrampfen die Muskeln und behindern so die Blutzirkulation. Routinen wirken für Geist, Seele und Körper immer lähmend.
Nehmen Sie auch nicht einfach aus Gewohnheit täglich ein- oder zweimal Ihr Kräuterschnapsgläschen, sondern wechseln Sie ab. Länger als vier Wochen sollten Sie ohnehin nie bei demselben Pflanzengeist bleiben. Auch wenn er genau das Richtige für Sie ist – Ihr Körper gewöhnt sich an ihn, und der Kräutergeist hört auf zu wirken.
Legen Sie nach einer Kur von einem Monat ein bis zwei Monate Pause ein, oder wechseln Sie zu etwas anderem. Geben Sie aber auch nicht zu früh auf. Schon nach einer Woche zu sagen »Das hat nichts geholfen«, hieße, die Flinte ins Korn zu werfen. Finden Sie selbst heraus, was für Sie persönlich gut und damit richtig ist.

Auch das beste Heilmittel bewirkt wenig, wenn Sie es nur als »notwendiges Übel« schlucken. Manchmal muss man den gesamten Lebensstil umstellen. Frische Luft, Bewegung, gesunde Ernährung, Vermeiden von unnötigem Lärm und die Abkehr von Negativgefühlen sind Grundvoraussetzungen für eine stabile psychische und physische Gesundheit.

Abwechslung ist wichtig

Die flexiblen und patientenspezifischen Ansatzpunkte der chinesischen Heiler sind sinnvoller als feste Applikationsanweisungen. Generell schließen sie – und das mit vollem Recht – den Gebrauch von Heilschnäpsen bei Patienten aus, die an Hepatitis, Leberzirrhose, akuten Magengeschwüren, Tuberkulose, Epilepsie, chronischen Nierenerkrankungen, chronischer Verstopfung oder Herzinsuffizienz leiden, sowie bei Alkoholkranken. Zu großer Vorsicht im Gebrauch raten sie Patienten mit Fieber, starkem Nachtschweiß (ausgenommen sind hier spezielle Rezepturen gegen dieses Symptom) und fliegender Hitze.
Die Chinesen unterscheiden zwischen heißen und kalten Krankheiten, zwischen Yin- und Yang-Überschüssen und -Defiziten, mangelnder und überschießender Lebenskraft (Qi) usw. und ordnen ihnen die jeweils entsprechenden Heilpflanzengeister zu. Dieses spezielle Fachwissen haben wir in unserem Kulturkreis nicht. Es ist meines Erachtens zwar nützlich, aber auch nicht unbedingt erforderlich, wenn man stattdessen seinen Körper genau beobachtet. Achten Sie dabei auf Dualitäten: Vertragen Sie Kälte besser als Hitze? Sind Sie morgens müder als abends? Fühlen Sie sich in Bewegung besser als bei Ruhe? Beruhigt Sie schwarzer Tee, oder macht er Sie nervös?

Der beste Ratgeber ist der eigene Körper

Es gibt sehr viele derartige Paarungen. Suchen Sie sich jene aus, bei denen Sie die deutlichsten Unterschiede im Verhalten Ihres Körpers feststellen. Nehmen Sie den von Ihnen ins Auge gefassten Heilkräuterschnaps dann in beiden Extremsituationen, also z. B. wenn Sie gerade frieren und wenn Sie schwitzen. Verschlimmert der Pflanzengeist dann Ihr Befinden in dem für Sie unangenehmeren Zustand, so ist er für Sie bestimmt nicht das Richtige.

Leiden Sie etwa gelegentlich unter heftigem Herzklopfen und das »Schnapserl« steigert Ihre Pulsfrequenz noch zusätzlich, dann lassen Sie die Finger davon, und wählen Sie ein anderes Mazerat, das Sie deutlich beruhigt, auch wenn der eigentliche Zweck der Anwendung gar nichts mit Herz und Kreislauf zu tun hat, sondern vielleicht mit Magenproblemen oder mit der Verbesserung Ihres Immunsystems. Trinken Sie die Heilschnäpse niemals gekühlt, sondern bei Raumtemperatur. Und trinken Sie sie nicht auf leeren Magen (es sei denn, der Hinweis »vor den Mahlzeiten« hat ausnahmsweise berechtigte Gründe).

Kippen Sie nicht in Älpler- oder Waterkantmanier mal eben ein »Stamperl« ex runter, sondern trinken Sie Ihren Pflanzengeist schluckweise, auch während der Mahlzeiten.

Ein auf die Flasche gezogener Pflanzengeist ist, sofern er gut schmeckt, auch eine schöne Geschenkidee!

Die Pfefferminze und alle anderen Minzearten gehören zu den ältesten Aroma- und Heilpflanzen der Welt.

Um wenig bekannte asiatische und indianische Heilpflanzen zu finden, hilft meist die pharmazeutische Bezeichnung schneller weiter als die botanische. Daher finden Sie in den Rezepten bei den »Exoten« die Namen aus der Pharmazie.

Heilpflanzenschnäpse – Rezepte

Eine systematische Übersicht über Heilpflanzengeister lässt sich unterschiedlich aufbauen. Eine strenge Ordnung nach einzelnen Krankheiten wäre zwar sinnvoll, würde aber, konsequent durchgehalten, zahlreiche Doubletten erforderlich machen, weil so mancher Kräutergeist gegen mehrere Beschwerden gut ist. Wir gehen deshalb hier einen Kompromiss ein und ordnen die einzelnen Rezepturen den Hauptanwendungsgebieten zu (Magen-Darm-Bereich, Leber und Galle, Geschlechtsorgane etc.).

Bei den einheimischen und in Mitteleuropa eingebürgerten Pflanzen wie Salbei, Kümmel oder Birken sind uns meist die deutschen Namen geläufiger als die botanischen. Wo es aber nicht eindeutig ist oder bei selteneren, relativ unbekannten Pflanzen muss doch der botanische Name für Klarheit sorgen (so werden z. B. die Echte Nelkenwurz, Geum urbanum, wie die Kardobenedikte, Cnicus benedictus, umgangssprachlich meist einfach nur als Benediktenkraut bezeichnet).

Bei einigen Rezepturen wird auch Zucker verwendet. Man darf ihn jedoch nicht als normale Zutat den Kräutern und anderem beifügen. Bevor man ihn zu dem Ansatz gibt, muss er geläutert werden, d. h., er muss mit einer bestimmten Menge Wasser zu klarem Sirup gekocht werden. Da diese Mischung im Endprodukt meist eine unerwünschte Trübung verursacht, ist es ratsam, den Zucker mit dem verwendeten Alkohol wie Wodka, Obstler, Korn etc. zu klären. Allerdings darf diese Mischung nicht zum längeren Kochen gebracht werden, sondern nur bis zum flüchtigen Sieden, da ansonsten der Alkohol verdunstet.

Die Gewichtsangaben bei fast allen Rezepturen beziehen sich auf getrocknete Produkte. Sollen frische Kräuter, Beeren, Früchte etc. verwendet werden, ist dies ausdrücklich vermerkt.

Magen, Darm und Verdauung

Basilikumgeist

Zutaten

1 unbehandelte Zitrone · 24 frische große Basilikumblätter

1 l Schnaps oder Obstler

Zubereitung

1 Die Schale der Zitrone dünn abschneiden und fein hacken. **2** Basilikumblätter mit der Zitronenschale und dem Schnaps in eine Flasche füllen. **3** Diesen Ansatz drei Wochen dunkel und warm stehen lassen, täglich schütteln. **4** Das Mazerat noch weitere zwei Wochen stehen lassen, ohne zu schütteln. **5** Filtrieren.

Anwendung Zu den Hauptmahlzeiten täglich 20 bis 30 Milliliter. Hilft bei Appetitlosigkeit und Verdauungsproblemen.

Pharmazeutische Bezeichnungen für Pflanzenteile:
Herba = Kraut
Folia = Blätter
Flores = Blüten
Radix = Wurzel
Rhizoma = Wurzelstock
Fructus = Frucht
Cortex = Rinde

Enziangeist

Zutaten

30 g Wurzeln des Gelben oder Gefleckten Enzians · 1 l Obstler oder Wodka

Zubereitung

1 Die Wurzeln säubern und fein schneiden. **2** Mit dem Obstler in einer Flasche ansetzen. **3** Zwei Wochen lang an einen warmen, sonnigen Platz stellen, täglich schütteln. **4** Ein bis zwei Monate ruhen lassen, dann filtrieren. Die Wurzeln kann man in der Flasche lassen.

Anwendung Zweimal täglich 30 Milliliter. Hilft bei Magenschwäche, Appetitlosigkeit und schlechter Verdauung sowie gegen Blähungen. Enziangeist ist auch ein gutes Kräftigungsmittel, stärkt Immunsystem, Nervensystem, Leber und Galle, fördert die Blutbildung und wirkt als Wurmmittel.

Anmerkung Mazerierter Enziangeist ist etwas bitterer als das handelsübliche Destillat. Außerdem unterscheidet er sich von diesem durch seine braune Farbe.

Wermutgeist

Zutaten

5 g frischer Gartenwermut (ganzes Kraut oder getrocknet) · 1 l Wodka

Zubereitung

1 Das Kraut an der Sonne gründlich trocknen. **2** In kleine Stücke brechen. **3** In einer Flasche mit Wodka ansetzen und drei Wochen lang an einen nicht zu warmen Ort stellen, täglich schütteln. **4** Filtrieren und wieder in Flaschen füllen. **5** Sehr lange, ein bis zwei Jahre, ruhen lassen.

Anwendung Zweimal täglich 20 Milliliter. Hervorragend bei Appetitlosigkeit und Verdauungsstörungen, wirkt magenstärkend und allgemein anregend.

Tipp Je länger der Wermutgeist lagert, umso besser wird er geschmacklich.

Warnung Bei übermäßigem Genuss kann es zu Halluzinationen und zu Gehirnschäden kommen.

Wermut oder Absinth sollte nicht in großen Mengen und nicht regelmäßig genossen werden, da er im Übermaß das Gehirn schädigen kann.

Magenstreichler

Zutaten

8 g Echte Nelkenwurzwurzeln (Geum urbanum) · 10 g Melissenblätter
8 g Pfefferminzblätter · 10 g Spitz- oder Breitwegerichblätter
5 g Baldrianwurzeln · 10 g Beifußkraut · 8 g Lavendel · 1 l Wodka

Zubereitung

1 Die Wurzeln und alle Kräuter mit dem Wodka in einer Flasche ansetzen. **2** Den Ansatz zwei Wochen lang ziehen lassen, täglich schütteln. **3** Eine Woche ruhen lassen, ohne zu schütteln. **4** Filtrieren.

Anwendung Jeweils zu den Hauptmahlzeiten 20 Milliliter. Hilft bei nervösen Magen- und Darmbeschwerden und bei Entzündungen im Verdauungsapparat. Beruhigt die Nerven.

Tipp Wer mehr Wert auf den guten Geschmack legt, kann den würzigen Trunk noch einige Monate ruhen lassen.

Heidelbeeren werden in einigen Gegenden auch als Blau-, Schwarz- oder Bickbeeren bezeichnet.

Heidelbeergeist

Zutaten

1 kg reife Heidelbeeren · 1 l Obstler

Zubereitung

1 Die reifen Beeren zwei bis drei Tage ausgebreitet an der Sonne trocknen lassen. 2 Heidelbeeren mit dem Obstler in einer Flasche ansetzen. 3 Vier Wochen lang warm stellen und täglich schütteln. 4 Weitere vier Wochen ruhen lassen, ohne zu schütteln. 5 Filtrieren.
Anwendung Täglich nach jeder Mahlzeit 30 Milliliter. Hilft bei Darmkatarrh, gegen Durchfall und Blasenschwäche.

Die Beeren aus dem Heidelbeermazerat braucht man nicht wegzuwerfen; man kann sie zu Desserts, etwa zu Cremes oder Speiseeis, reichen.

Kardamomgeist

Zutaten

60 g Kardamomkapseln · 1 l Wodka oder Doppelkorn

Zubereitung

1 Die Kardamomkapseln mit ihren Schalen im Mörser fein zerstoßen. 2 Zusammen mit Wodka oder Doppelkorn in einer

Flasche ansetzen. **3** Eine Woche lang ziehen lassen, täglich schütteln. **4** Filtrieren.

Anwendung Täglich nach den Mahlzeiten 15 bis 20 Milliliter. Kardamomgeist regt die Verdauung an und beseitigt Magen- und Leibschmerzen.

Litschigeist

Zutaten

30 frische Litschifrüchte · 1 l Obstler

Zubereitung

1 Die Litschi schälen und entkernen. **2** Die Früchte im Obstler aufkochen und abkühlen lassen. **3** Durch ein Sieb gießen und anschließend die Früchte gut auspressen. **4** Den Saft zusammengießen und filtrieren.

Anwendung Dreimal täglich 20 bis 30 Milliliter. Hilft bei Magenschwächen, wie sie bei Infektionskrankheiten, bei Erschöpfung, Überanstrengung und allgemeiner Schwäche auftreten.

Kalmuslikör

Kalmuswurzeln enthalten ätherische Öle, die nicht nur in der Naturheilkunde, sondern auch in der pharmazeutischen Industrie verarbeitet werden.

Zutaten

40 g Kalmuswurzeln · 15 g Angelikakraut · 800 ml Wodka oder Obstler

200 g Zucker · 200 ml Wodka oder Obstler

Zubereitung

1 Wurzeln waschen und trockentupfen. **2** Die Kalmuswurzeln klein schneiden. **3** Zusammen mit dem Angelikakraut und 800 Milliliter Wodka oder Obstler in einer Flasche ansetzen. **4** Vier Wochen lang stehen lassen, täglich schütteln. **5** Den Zucker in 200 Milliliter Wodka läutern und dazugeben. **6** Filtrieren.

Anwendung Zwei- bis dreimal täglich 20 bis 30 Milliliter. Hilft bei Magen- und Darmschwäche und bei Geschwüren im Magen-Darm-Bereich.

Kamillengeist

Zutaten

30 g frische Blütenköpfe der Echten Kamille · 1 l Wodka

Zubereitung

1 Die Blütenköpfe ausbreiten und ein bis zwei Tage im Schatten trocknen. **2** Zusammen mit dem Wodka in eine Flasche füllen. **3** Vier Wochen lang an einen warmen, sonnigen Platz stellen, alle drei bis vier Tage schütteln. **4** Filtrieren.

Anwendung Zweimal täglich 20 Milliliter. Hilft bei Magen- und Darmentzündungen und -geschwüren, ist entzündungshemmend, unterstützt die Nierenfunktion. Wirkt krampflösend und beruhigend.

Koriander, Kümmel, Fenchel und Thymian sind Kräuter, die bereits einzeln den Magen beruhigen, Blähungen und Koliken vertreiben. In ihrer Kombination mit Alkohol üben sie auf den gesamten Magen-Darm-Bereich eine hervorragende Wirkung aus.

Rhabarbergeist

Zutaten

35 g chinesischer Rhabarber (Radix et Rhizoma Rhei)
350 g Semen Sojae Praeparatum · 1 l Wodka

Zubereitung

1 Alle Zutaten in eine große Flasche füllen. **2** Drei Wochen lang ziehen, mazerieren lassen, täglich schütteln. **3** Filtrieren.

Anwendung Zweimal täglich 5 Milliliter (ca. 50 Tropfen) fünf Tage lang einnehmen. Diese Kur hilft gegen chronische Verstopfung. Vorsicht! Nicht während der Schwangerschaft anwenden.

Verdauungsschnaps

Zutaten

8 g Koriander · 8 g Kümmel · 8 g Fenchel · 8 g Dill · 8 g Engelwurz
8 g Tausendguldenkraut · 8 g Thymian · 1 l Wodka

Zubereitung

1 Alle Kräuter, Samen und Wurzeln im Mörser grob zerstoßen. **2** Mit Wodka in einer Flasche ansetzen. **3** Zwei Wochen lang ziehen lassen, täglich schütteln. **4** Eine Woche, ohne zu schütteln, ruhen lassen. **5** Filtrieren.

Anwendung Täglich nach den Mahlzeiten 20 bis 30 Milliliter. Dieser Verdauungsschnaps hilft hervorragend gegen Blähungen und fördert die Verdauung.

Zimtgeist

Zutaten

20 g Zimtrinde · 1 l Obstler oder Wodka

Zubereitung

Zimt ist nicht nur ein feines Gewürz für kalte Tage. Er wirkt auch lindernd bei Darminfektionen, Durchfall, Rachenentzündungen und Kreislaufschwäche.

1 Die Zimtrinde im Mörser fein zerstoßen. **2** In einer Flasche mit Obstler oder Wodka ansetzen. **3** Zwei Wochen lang stehen lassen, täglich schütteln. **4** Filtrieren.

Anwendung Täglich einmal oder bei Bedarf 10 Milliliter. Hilft gegen stechende Magen- und Unterleibsschmerzen, auch bei zu schwacher Menstruation. Zimtgeist sollte nicht während der Schwangerschaft getrunken werden. Er könnte bei den Unterleibsorganen eine zu starke Durchblutung hervorrufen, die sich auf die Schwangerschaft ungünstig auswirken könnte.

Orangenschalengeist

Zutaten

100 g getrocknete Orangenschalen (in Asiengeschäften)

1 l Wodka oder Obstler

Zubereitung

1 Die Orangenschalen mit Wodka oder Obstler in einer Flasche ansetzen. **2** Eine Woche lang ziehen lassen, täglich schütteln. **3** Filtrieren.

Anwendung Zwei- bis dreimal täglich 10 bis 15 Milliliter. Der Orangenschalengeist hilft hervorragend bei Appetitlosigkeit und bei schlechter Verdauung.

Leber und Galle

Lebergeist I

Zutaten

40 g Mariendistelsamen · 20 g Wegwartenkraut · 20 g Kardobenediktenkraut (Cnicus benedictus) · 25 g Löwenzahnwurzeln · 1 l Wodka

Zubereitung

1 Die Mariendistelsamen gut zerquetschen. **2** Zusammen mit den anderen Kräutern und Wodka in eine Flasche füllen. **3** Drei Wochen lang ziehen lassen, täglich schütteln. **4** Filtrieren.

Anwendung Zweimal täglich 10 bis 15 Milliliter. Hilft, die Leber zu entgiften, regt ihre Funktion an. Bewährt bei Gelbsucht.

Bei Leberleiden sollte man mit dem Genuss von Alkohol vorsichtig sein, denn die Leber muss den Alkohol abbauen, was sie stark belastet. Deshalb sind hier auch nur drei Rezepte angegeben, die zudem mit höheren Wirkstoffkonzentrationen arbeiten als üblich, um die Dosierung des Alkohols möglichst gering zu halten.

Lebergeist II

Zutaten

40 g Mariendistelsamen · 40 g Brennnesselblätter · 20 g Ackergauchheil 15 g wilder Dost · 1 l Wodka

Zubereitung

1 Die Mariendistelsamen gut zerquetschen. **2** Zusammen mit den anderen Kräutern und Wodka in eine Flasche füllen. **3** Zwei Wochen lang ziehen lassen, täglich schütteln. **4** Filtrieren.

Anwendung Wie bei Lebergeist I.

Bitterer Leberwein

Zutaten

50 g Mariendistelsamen · 30 g Quassiarinde · 1 l Madeira oder Portwein

Zubereitung

1 Die Mariendistelsamen gut zerquetschen. **2** Zusammen mit der Quassiarinde und dem Wein in eine Flasche füllen. **3** Anschließend drei Wochen lang ziehen, mazerieren lassen, täglich schütteln. **4** Filtrieren.

Anwendung Täglich eine halbe Stunde vor den Hauptmahlzeiten 30 Milliliter. Hilft sehr gut bei der Regenerierung des Lebergewebes.

Nieren und Blase

Johanniskrautgeist

Nach dem Genuss von Johanniskrautgeist sollte man sich nicht direktem Sonnenlicht aussetzen, weil der Wirkstoff Hypericin die Haut lichtempfindlich macht und bei Sonne zu Reizungen führen kann.

Zutaten

50 g getrocknete Johanniskrautblüten (oder etwa 70 frische Blütenköpfe)

1 l Obstler oder Wodka

Zubereitung

1 Die Blüten, frisch oder getrocknet, mit dem Obstler in Flaschen füllen. **2** Zwei Wochen an einem dunklen, warmen Ort ziehen lassen, täglich schütteln. **3** Noch ein bis zwei Wochen ruhen lassen, ohne zu schütteln. **4** Filtrieren.

Anwendung Zweimal täglich 30 Milliliter. Stärkt Nieren und Blase, wirkt wohltuend auf die Harnwege. Hilft gegen Bettnässen und ist allgemein beruhigend.

Preiselbeergeist

Zutaten

300 g frische Preiselbeeren · 800 ml Obstler · 200-300 g Zucker

200 ml Obstler

Zubereitung

1 Die Preiselbeeren leicht zerstoßen. **2** Mit 800 Milliliter Obstler in eine Flasche füllen. **3** Zehn Tage lang an einem warmen und sonnigen Platz ziehen lassen, täglich schütteln. **4** Einen Monat ruhen lassen. **5** Abseihen und die Beeren auspressen, den Saft zusammengießen. **6** Zucker in 200 Milliliter Obstler läutern, d.h. bis zum

Sieden erhitzen, und noch warm zu dem Ansatz geben. **7** Gut vermischen, dann filtrieren.

Anwendung Hilft bei den verschiedensten Blasenleiden und fördert die Harnausscheidung.

Fünf-Kräuter-Geist

Zutaten

25 Wacholderbeeren · 20 g Ackergauchheil · 20 g Hauhechel
20 g Alpenbeerentraube · 10 g getrocknete oder 20 g frische Petersilienwurzel · 1 l Wodka

Zubereitung

1 Die Wacholderbeeren zerquetschen und die Petersilienwurzel klein schneiden. **2** Alle Zutaten zusammen mit dem Wodka in eine große Flasche füllen. **3** Zwei Wochen lang ziehen lassen, täglich schütteln. **4** Filtrieren.

Anwendung Zweimal täglich 20 bis 30 Milliliter einnehmen. Der Fünf-Kräuter-Geist hilft bei Nieren- und Steinleiden, und er wirkt entgiftend.

Bei der hier angegebenen Darreichung und Dosierung ist Ackergauchheil unbedenklich. Andere Anwendungsformen sollten aber mit dem Arzt abgesprochen werden. Patienten mit bekannter Primelallergie sollten auf Ackergauchheil verzichten.

Bevor man den Zucker zu dem Preiselbeeransatz gibt, muss er in Obstler geläutert werden.

Hartriegelgeist

Zutaten

80 g Hartriegelfrüchte · 1 l Obstler oder Wodka

Zubereitung

1 Die Früchte mit Obstler oder Wodka in einer Flasche ansetzen. **2** Zwei Wochen lang ziehen lassen, täglich schütteln. **3** Filtrieren.

Anwendung Ein- oder zweimal täglich 10 bis 20 Milliliter. Hilft bei schwindelauslösender Nierenfehlfunktion, ungewolltem (auch nächtlichem) Samenfluss, Schweißausbrüchen und allgemeiner Schwäche.

Judendorngeist

Nicht nur die Walnüsse sind wirksam. Auch die Walnussblätter werden bei Nieren- und Blasenbeschwerden als Tee angewandt.

Zutaten

60 g reife Walnusskerne · 60 g Judendornfrüchte (Fructus Jujubae)
30 g süße Mandeln · 30 g Butter · 60 g Wildblumenhonig · 750 ml Wodka

Zubereitung

1 Die Nüsse, Judendornfrüchte und Mandeln fein reiben oder mahlen. **2** Im Wasserbad Butter und Honig zusammen erwärmen, bis

Verwenden Sie möglichst frische Walnüsse zur Herstellung von Judendorngeist. Ältere Nüsse schmecken zuweilen bitter.

alles flüssig ist. **3** Die vermahlenen Zutaten beifügen und mit dem Wodka verrühren. **4** In Flaschen füllen, drei Wochen stehen lassen, täglich schütteln. Nicht filtrieren.

Anwendung Zweimal täglich 1 Esslöffel. Hilft bei Schwindelanfällen aufgrund von Nierenfehlfunktion.

Eberwurzgeist

Zutaten

20 Wacholderbeeren · 30 g Stängellose Eberwurz (Silberdistel)
20 g Große Bibernelle · 1 l Wodka

Zubereitung

1 Die Wacholderbeeren zerquetschen. **2** Zusammen mit Eberwurz, Bibernelle und Wodka in eine Flasche füllen. **3** Drei Wochen lang ziehen lassen, täglich schütteln. **4** Filtrieren.

Anwendung Zweimal täglich 20 bis 30 Milliliter. Der Geist stärkt Nieren und Blase und wirkt positiv auf die Harnwege.

Die Stängellose Eberwurz darf nicht gesammelt, sondern nur im Drogenfachhandel gekauft werden. Sie ist vom Aussterben bedroht und steht unter strengem Naturschutz.

Hagebuttenlikör

Zutaten

1 kg Hagebutten · 1 l Obstler oder Wodka · 250 g Zucker
1/4 l Obstler oder Wodka

Zubereitung

1 Die Hagebutten mit einem Messer teilen und die Kerne entfernen. **2** Mit einem Liter Obstler oder Wodka in eine Flasche füllen. **3** Sechs Wochen an einem warmen, sonnigen Platz ziehen lassen, gelegentlich schütteln. **4** Zucker in 1/4 Liter Obstler oder Wodka läutern und dem Mazerat beifügen. **5** Gut vermischen, dann filtrieren. **6** Einige Monate lang lagern, Aroma und Geschmack werden dadurch wesentlich verbessert.

Anwendung Ein- bis zweimal täglich 30 Milliliter. Unterstützt die Nierenfunktion, hilft bei Steinleiden.

Geschlechtsorgane

Cistanchisgeist

Zutaten

60 g Herba Cistanchis · 1 l Wodka

Zubereitung

1 Das Cistanchiskraut zusammen mit dem Wodka in eine Flasche füllen. **2** Eine Woche lang an einem kühlen, dunklen Platz ziehen lassen, täglich schütteln. **3** Filtrieren.

Anwendung Zweimal täglich 10 Milliliter einnehmen. Der Cistanchisgeist bewährt sich bei Impotenz.

Chrysanthemen-Lycii-Geist

Zutaten

45 g chinesische Chrysanthemen-Blüten (Flores Chrysanthemi)

45 g Fructus Lycii · 45 g Herba Cistanchis · 1 l Wodka

Zubereitung

Chrysanthemen-Lycii-Geist ist in China auch ein beliebtes Mittel zur Lebensverlängerung, weil es typische Altersleiden behebt.

1 Blüten, Früchte und Kraut zusammen mit dem Wodka in eine große Flasche füllen. **2** Eine Woche lang ziehen lassen, täglich schütteln. **3** Filtrieren.

Anwendung Täglich vor dem Frühstück und Mittagessen 10 bis 20 Milliliter einnehmen. Der Chrysanthemen-Lycii-Geist stärkt alle Organe des Unterleibs, gibt auch neue sexuelle Kräfte, hilft bei zu schwacher oder manchmal ausbleibender Menstruation und verbessert spürbar das Sehvermögen.

Vier-Kräuter-Geist

Zutaten

10 g Petersilienkraut · 20 g Petersilienwurzeln · 20 g wilder Dost

20 g Basilikum · 15 g Pappelrinde · 1 l Wodka

Zubereitung
1 Kräuter, Wurzel und Rinde zusammen mit Wodka in eine große Flasche füllen. 2 Zwei Wochen lang ziehen lassen, täglich schütteln. 3 Eine Woche ruhen lassen. 4 Filtrieren.

Anwendung Zweimal täglich 20 Milliliter. Der Geist fördert die Durchblutung im Unterleibsbereich und wirkt stärkend auf die weiblichen und männlichen Geschlechtsorgane.

Frauenmantelgeist

Zutaten

30 g Frauenmantel · 10 g gemahlener Fenchelsamen · 10 g Taubnesselblüten
20 g Beifußkraut · 1 l Obstler oder Wodka

Zubereitung
1 Kräuter, Samen und Blüten zusammen mit Obstler oder Wodka in eine Flasche füllen. 2 Zwei Wochen lang ziehen lassen, täglich schütteln. 3 Filtrieren.

Anwendung Zweimal täglich 20 Milliliter. Hilft bei ausbleibender oder zu schwacher Regelblutung, harmonisiert unregelmäßige Menstruation und bewährt sich bei Weißfluss. Stärkt das Gewebe der Geschlechtsorgane.

Frauenmantel ist nicht nur bei Beschwerden der weiblichen Geschlechtsorgane hilfreich, er stärkt auch das Herz.

Chinesischer Potenzgeist

Zutaten

150 g Radix Ginseng · 40 g Pericarpium Citri Reticulatae
40 g Rhizoma Zingiberis · 40 g Fructus Jujubae · 1 l Wodka oder Obstler

Zubereitung
1 Alle Zutaten zerkleinern und mit Wodka in einer Flasche ansetzen. 2 Drei bis sechs Monate an einem kühlen Platz ziehen lassen, täglich schütteln. 3 Filtrieren.

Anwendung Ein- bis zweimal täglich 50 Tropfen (5 Milliliter). Hilft bei Impotenz.

Chinesischer Wolfsbeerengeist

Zutaten

80 g Fructus Lycii · 80 g Radix Rehmanniae Praeparatae
15 g Radix Ginseng · 20 g Poria · 50 g Radix Polygoni Multiflori

Zubereitung

1 Alle Zutaten zerkleinern. **2** Mit dem Wodka in einer großen Flasche ansetzen. **3** Zwei Wochen lang an einem kühlen, dunklen Platz ziehen lassen, täglich schütteln. **4** Filtrieren.

Anwendung Zweimal täglich 10 Milliliter. Hilft bei Impotenz, Tinnitus und Augenflimmern, die durch Nierenschwäche bedingt sind.

Alle Ginsengpräparate bewirken neben anderem eines: Sie vermehren die Zahl der roten Blutkörperchen und sorgen auf diese Weise für eine bessere Sauerstoffversorgung der Zellgewebe.

Angelikageist

Zutaten

30 g Angelikawurzeln (Radix Angelicae Sinensis) · 30 g Radix Polygalae
1 l Wodka

Zubereitung

1 Die Wurzeln klein schneiden. **2** Mit dem Wodka in einer großen Flasche ansetzen. **3** Eine Woche lang ziehen lassen, täglich schütteln. **4** Filtrieren.

Anwendung Täglich vor dem Schlafengehen 15 Milliliter. Hilft nach chinesischen Quellen in vielen Fällen bei Sterilität.

Angelika-Astragalus-Geist

Zutaten

200 g Radix Angelicae Sinensis · 200 g Radix Astragalus
200 g Judendornfrüchte (Fructus Jujubae) · 1 l Wodka

Zubereitung

1 Wurzeln und Früchte zerkleinern. **2** Zusammen mit Wodka in einem großen, gut verschließbaren Gefäß ansetzen. **3** Eine Woche lang ziehen lassen, täglich schütteln. **4** Filtrieren.

Anwendung Zweimal täglich eine Woche lang 10 Milliliter. Die Kur sollte fünf Tage vor der Regelblutung beginnen. Hilft bei zu schwacher oder ausbleibender Menstruation und kräftigt die weiblichen Geschlechtsorgane.

Die in diesen Angelikaschnäpsen verwendete Pflanze ist nicht mit der europäischen Angelika identisch. Es handelt sich um deren chinesische Verwandte.

Leonurageist

Zutaten

200 g Herba Leonuri · 100 g Radix Angelicae Sinensis · 1 l Wodka

Zubereitung

1 Kraut und Wurzeln fein zerkleinern. **2** Mit Wodka in einer großen Flasche ansetzen. **3** Zehn Tage lang ziehen lassen, täglich schütteln. **4** Filtrieren.

Anwendung Einmal täglich 20 Milliliter. Hilft bei ausbleibender Menstruation infolge von Blutarmut.

Tipp Bei Zugabe von 30 Gramm Baldrianwurzel und 30 Gramm Melissenblättern hilft das Mazerat auch bei klimakterischen Beschwerden mit Hitzewallungen, innerer Unruhe, Herzklopfen und Atemnot.

Muira-Puama-Geist

Zutaten

40 g Potenzholz (Muira-Puama) · 8 g frische Ingwerwurzel

10 g Rhabarberwurzel (Radix Rhei Sinensis) · 2 Rosetten Sternanis

1 Vanilleschote · 1 l Wodka oder weißer Rum

Zubereitung

1 Potenzholz fein zerstoßen, Ingwer zerkleinern und Sternanis ebenfalls im Mörser vermahlen. **2** Alle Zutaten zusammen mit Wodka oder Rum in einer Flasche ansetzen. **3** Zwei Wochen lang ziehen lassen, täglich schütteln. **4** Filtrieren.

Anwendung Zweimal täglich 20 bis 30 Milliliter. Hilft als gutes Nerventonikum und Kräftigungsmittel bei der Bekämpfung von Stress. Wirkt auch als Aphrodisiakum, ohne aufzuputschen.

Rheumatische Leiden, Gicht und Arthrose

Ilexgeist

Zutaten

Junge, glatte Ilexblätter (Stechpalme), im Mai oder Juni gepflückt
1 l Obstler oder Wodka

Zubereitung

Ilexstauden darf man nicht mit den in vielen Hausgärten verwildert wachsenden Mahoniapflanzen verwechseln, was wegen der ähnlich aussehenden Blätter leicht möglich ist. Ilexblätter schmecken im Unterschied zu den Mahoniablättern deutlich bitter.

1 Die frischen Ilexblätter einige Tage ausgebreitet im Schatten trocknen. **2** Eine Weithals-Literflasche locker bis zum Rand damit füllen. **3** Obstler oder Wodka dazugießen. **4** Drei Tage mazerieren, d. h. ziehen lassen. Täglich ein- bis zweimal schütteln. **5** Filtrieren und noch längere Zeit lagern.

Anwendung Ein- bis zweimal täglich 30 Milliliter einnehmen. Bewährt sich gut bei rheumatischen Leiden, kräftigt das Herz und unterstützt die Leber.

Tipp Wer möchte, kann diese Essenz mit Obstler oder Wodka auf Trinkstärke verdünnen.

Rheumageist

Zutaten

20 g Brennnesselblätter · 20 g Johanniskraut · 20 g Berberitze
10 g Pappelrinde · 1 l Wodka

Zubereitung

1 Kräuter und Rinde mit Wodka in einer Flasche ansetzen. **2** Zwei Wochen lang an einen warmen, sonnigen Platz stellen, täglich schütteln. **3** Filtrieren.

Anwendung Zweimal täglich 30 Milliliter einnehmen. Dieser Geist bewährt sich sehr gut bei rheumatischen Beschwerden und wirkt allgemein blutreinigend.

Die Ilexblätter haben stachelige Spitzen. Sie wirken u.a. heilend bei Rheuma.

Rosmaringeist

Zutaten

40 g frische Rosmarinblätter, keine Stängel · 1 l Wodka oder Obstler

Zubereitung

1 Das Kraut mit Obstler oder Wodka in einer Flasche ansetzen. **2** Vier Wochen lang an einem warmen, sonnigen Platz ziehen lassen, täglich schütteln. **3** Den Ansatz zwei Wochen ruhen lassen, ohne zu schütteln. **4** Filtrieren.

Anwendung Zweimal täglich 30 Milliliter. Hilft gegen rheumatische Beschwerden, Gicht und Nervenschmerzen.

Pflaumengeist

Zutaten

Pflaumen (Menge nach Wunsch) · reiner Alkohol · Wodka

Zubereitung

1 Pflaumen säubern, aufschneiden und entsteinen. **2** In ein gut verschließbares Gefäß füllen. **3** Mit einer Mischung aus 50 Prozent

Pflaumengeist wird auch in guter Qualität in Asia-Lebensmittelgeschäften angeboten.

reinem Alkohol und 50 Prozent Wodka übergießen, so dass die Früchte etwa zwei Zentimeter hoch bedeckt sind. **4** Einen Monat lang ziehen lassen, etwa alle drei Tage schütteln.

Anwendung Einmal täglich 30 Milliliter einnehmen. Der Pflaumengeist hilft sehr gut bei rheumatischen und arthritischen Gelenkschmerzen.

Weinrautengeist

Weinrautengeist wird unter der einheimischen Bezeichnung »Ruta« in manchen norditalienischen Restaurants nach dem Essen gratis als Verdauungshelfer gereicht. Auch dafür eignet er sich gut.

Zutaten

Der frische, obere Teil von drei großen Gartenweinrauten · 10 g Basilikum

1 l Wodka oder Doppelkorn

Zubereitung

1 Weinraute und Basilikum mit Wodka oder Doppelkorn in einer Flasche ansetzen. **2** Zehn Tage lang an einen warmen Platz stellen und täglich gut schütteln. **3** Noch zwei Wochen lang ruhen lassen. **4** Filtrieren.

Anwendung Nach den Mahlzeiten täglich 30 Milliliter. Bewährt sich bei Rheuma und Neuralgien und verbessert das Sehvermögen. Außerdem wirkt dieser Geist blutreinigend und regt die Produktion innerer Sekrete an.

Pfeffergeist

Zutaten

25 g getrockneter, grüner Pfeffer · 1 l Wodka

Zubereitung

1 Die Pfefferkörner im Mörser zerstoßen. **2** Zusammen mit Wodka in eine Flasche füllen. **3** Zwei Wochen lang ziehen lassen, d. h. mazerieren, täglich schütteln. **4** Filtrieren.

Anwendung Zweimal täglich 15 Milliliter einnehmen. Der Pfeffergeist hilft bei rheumatischer Arthritis, Gicht und schmerzhaften Leiden verwandter Art.

Kopfschmerzen, Migräne, Schwindel

Migränegeist

Zutaten

30 g Lavendelblüten · 20 g Weidenrinde · 10 g Fieberkleeblätter · 1 l Wodka

Zubereitung

1 Blüten, Rinde und Blätter mit dem Wodka in eine Flasche füllen. **2** Zehn Tage lang ziehen lassen, täglich schütteln. **3** Filtrieren.

Anwendung Zweimal täglich 15 bis 20 Milliliter. Hilft bei akuten Kopfschmerzen oder Migräneanfällen nur wenig, wirkt aber nach einer Kur von etwa einem Monat stabilisierend, wirkt auch bei chronischen Kopfschmerzen und setzt die Migränebereitschaft herab.

Lavendel wirkt, wie viele Kräuter, nicht nur in einer Richtung. Tee ist wirksam bei Gicht und Rheuma. Lavendelwasser stärkt die Nerven, und als Bad hilft es bei Hautproblemen und Ekzemen.

Adenophora-Geist

Zutaten

3 g Herba Asari · 30 g Radix Adenophorae · 10 g Fructus Viticis
30 g Rhizoma Ligustici Chuanxiong · 1 l Wasser
300 ml reiner Alkohol (90-98 %)

Zubereitung

1 Aus den Pflanzenteilen und 1 Liter Wasser ein Decoct herstellen, wie auf Seite 41 beschrieben. **2** Die Flüssigkeit bis auf 700 Milliliter einkochen lassen, dann filtrieren. **3** Zu dem abgekühlten Filtrat den reinen Alkohol geben.

Anwendung Dreimal täglich eine Woche lang 30 Milliliter. Diese Kur bewährt sich bei Neigung zu häufigen Kopfschmerzen.

Chinesischer Kopfschmerz-Geist

Zutaten

60 g Radix Ligustici Chuanxiong · 1 l Wodka

Zubereitung

1 Die Wurzelteile mit dem Wodka in einer Flasche ansetzen. **2** Etwa eine Woche lang mazerieren, d.h. ziehen lassen, täglich schütteln. **3** Filtrieren.

Anwendung Zwei- bis dreimal täglich 10 bis 20 Milliliter. Hilft bei akuten Kopfschmerzen infolge von Verletzungen oder Gehirnerschütterung sowie bei Druckgefühlen im Kopf.

Herz- und Kreislaufbeschwerden

Hypertonie-Geist

Zutaten

50 g Rhizoma Polygonati · 30 g Radix Polygoni Multiflori

30 g Fructus Lycii · 1 l Wodka

Zubereitung

1 Alle Pflanzenteile mit Wodka in einer Flasche ansetzen. **2** Eine Woche lang mazerieren, täglich schütteln. **3** Filtrieren.

Anwendung Täglich vor den Mahlzeiten 10 Milliliter. Hilft langfristig bei funktionellem Bluthochdruck.

Schon im alten China wurde der Ginsengwurzel lebensverlängernde Kraft zugesprochen. In Verbindung mit Ingwer hebt sich ein zu niedriger Blutdruck. So wird quälende Müdigkeit verscheucht.

Hypotonie-Geist

Zutaten

100 g Radix Ginseng · 2 g Pericarpium Citri Reticulatae

2 g Rhizoma Zingiberis · 2 g Fructus Jujubae · 1 l Wodka

Zubereitung

1 Alle Pflanzenteile zusammen mit Wodka in einer Flasche ansetzen. **2** Vier bis sechs Monate lang ziehen lassen, möglichst täglich schütteln. **3** Filtrieren.

Anwendung Ein- oder zweimal täglich 50 Tropfen (5 Milliliter). Hilft bei zu niedrigem Blutdruck.

Roter Salbeiwurzelgeist

Zutaten

100 g Radix Salviae Miltiorrhizae · 1 l Wodka

Zubereitung

1 Die Wurzeln fein zerkleinern. Mit Wodka in eine Flasche füllen. **2** Zwei Wochen lang ziehen lassen, täglich schütteln. **3** Filtrieren.

Anwendung Dreimal täglich 20 bis 30 Milliliter. Wirkt gut bei Angina pectoris.

Riesenknöterichgeist

Zutaten

120 g Radix Polygoni Multiflori · 1 l Wodka

Zubereitung

1 Die Wurzeln zerkleinern und in eine Flasche füllen. Mit Wodka übergießen. **2** Fünf Tage lang ziehen lassen, täglich ein- bis zweimal schütteln. **3** Filtrieren.

Anwendung Ein- bis zweimal täglich 10 bis 15 Milliliter. Hilft bei Arteriosklerose.

Weißdorngeist

Zutaten

50 g Weißdornblüten · 20 g Ilexblätter · 10 g Waldmeisterkraut
5 g Veilchenblüten · 1 l Wodka

Zubereitung

1 Blüten, Blätter und Kraut in eine Flasche füllen und mit dem Wodka aufgießen. **2** Zwei Wochen lang mazerieren, täglich schütteln. **3** Filtrieren.

Anwendung Zweimal täglich 30 Milliliter. Weißdorngeist ist ein hervorragendes Herztonikum, behebt nervöses Herzklopfen und Rhythmusstörungen, wirkt auch vorbeugend gegen Altersbluthochdruck.

Weißdorn ist generell ein hervorragendes Herztonikum. Zusammen mit Mistel lässt sich diese Pflanzendroge ebenfalls zu einem guten herzstärkenden Mittel mazerieren.

Maulbeergeist

Zutaten

200 g Maulbeeren · 1 l Obstler oder Wodka

Zubereitung

Maulbeeren wirken nicht nur bei Herz- und Kreislaufbeschwerden. Die Blätter werden zur Seidenraupenzucht verwendet, ein anderer Verwandter dient zum Färben von Holz.

1 Die Maulbeeren waschen und im Entsafter auspressen. **2** Saft und Pressrückstände mit Obstler oder Wodka ansetzen. **3** Drei Tage ziehen lassen, täglich schütteln. **4** Filtrieren.

Anwendung Zweimal täglich etwa 50 Tropfen (5 Milliliter). Entwässert das Bindegewebe und wirkt besonders gegen Ödeme in den Beinen.

Störungen des Nervensystems

Nervenschoner

Zutaten

20 g Johanniskraut · 20 g Melissenkraut · 5 g Waldmeister
15 g Baldrianwurzel · 10 g Kamillenblüten · 15 g Beifuß
15 g Lavendelblüten · 1 l Wodka

Zubereitung

1 Alle Kräuter, Blüten und Wurzeln mit Wodka in einer großen Flasche ansetzen. **2** Zehn Tage lang ziehen lassen, täglich schütteln. **3** Filtrieren.

Anwendung Zwei- bis dreimal täglich 20 Milliliter einnehmen. Dieser Geist wirkt beruhigend auf ein überreiztes vegetatives Nervensystem und hilft bei innerer Unruhe, ohne antriebslos oder gar müde zu machen.

Eisenkrautgeist

Zutaten

30 g Eisenkraut · 15 g wilder Dost · 10 g Kardobenediktenkraut
(Cnicus benedictus) · 15 g Weidenrinde · 1 l Wodka

Zubereitung
1 Alle Kräuter und die Rinde mit Wodka in einer Flasche ansetzen. **2** Zwei Wochen lang mazerieren, d. h. ziehen lassen, täglich schütteln. **3** Filtrieren.
Anwendung Zweimal täglich 20 Milliliter. Der Eisenkrautgeist stärkt das gesamte Nervensystem und hilft bei anfallsweise auftretenden Nervenschmerzen, den Neuralgien.

Eisenkraut hilft auch ohne Alkohol. Als Tee mit Kamille, Quendel und Basilikum wirkt es gegen Kopfschmerzen.

Chinesischer Beruhigungsgeist

Zutaten
250 g Rhizoma Polygonati · 250 g Herba Cistanchis
1 l Wodka oder Obstler

Zubereitung
1 Die Pflanzenteile mit Wodka oder Obstler in einer Flasche ansetzen. **2** Zehn Tage lang ziehen lassen, täglich schütteln. **3** Durch ein feines Sieb gießen.
Anwendung Dreimal täglich 50 bis 100 Tropfen (5 bis 10 Milliliter). Der Chinesische Beruhigungsgeist hilft bei Schlaflosigkeit und bei Schwindelanfällen.

Longangeist

Zutaten
600 g Arillus Longan · 1 l Wodka

Zubereitung
1 Den Longanpulp in kleine Streifen schneiden. **2** Zusammen mit Wodka in eine große Flasche füllen. **3** Drei Wochen lang ziehen lassen, täglich schütteln. **4** Filtrieren.
Anwendung Zweimal täglich 10 bis 20 Milliliter. Hilft bei Neurosen verschiedenster Art, wie den Organneurosen; vor allem aber auch bei Psychoneurosen, die meist in der Umsetzung in körperliche Symptome enden, den so genannten psychosomatischen Erkrankungen.

Ophiopogonisgeist

Zutaten

10 g Radix Ophiopogonis · 8 g Semen Biotae · 8 g Poria
10 g Radix Rehmanniae · 10 g Arillus Longan

Zubereitung

1 Alle Pflanzenteile zerkleinern. **2** Mit Wodka in einer Flasche ansetzen. **3** Eine Woche ziehen lassen, täglich schütteln. **4** Filtrieren.
Anwendung Zweimal täglich 10 bis 15 Milliliter. Hilft bei Zerstreutheit, Unruhe, Kurzatmigkeit, Schlaflosigkeit und Antriebslosigkeit.

Hopfengeist

Zutaten

20-25 Hopfenblütenzapfen · 1 l Obstler oder Wodka

Zubereitung

1 Die Blütenzapfen mit Obstler oder Wodka in eine Flasche füllen. **2** Drei Wochen an einem warmen, sonnigen Platz mazerieren, täglich schütteln. **3** Drei Wochen ruhen lassen. **4** Filtrieren.
Anwendung Täglich vor dem Schlafengehen 30 bis 40 Milliliter. Hopfengeist beruhigt das Nervensystem und sorgt für gesunden Schlaf.

Das Geheimnis der beruhigenden Wirkung von Bier liegt im Hopfen. Dem Hopfen kommt aber auch eine große Bedeutung als Heilpflanze zu, denn er stabilisiert das vegetative und das motorische Nervensystem dauerhaft.

Osmanthusgeist

Zutaten

100 g Arillus Longan · 20 g Flores Osmanthus · 50 g weißer Kandiszucker
1 l Obstler oder Wodka

Zubereitung

1 Alle Pflanzenteile und Kandiszucker mit Obstler oder Wodka in einer Flasche ansetzen. **2** Zwei Wochen lang ziehen lassen, täglich schütteln. **3** Filtrieren.
Anwendung Zweimal täglich 20 Milliliter. Hilft bei Schlaflosigkeit und Gedächtnisschwäche.

Eine ergiebige Pflanze: Von der Schlehe sind Blüten, Beeren und Blätter heilkundlich verwendbar.

Erkrankungen der Atemwege

Schlehenlikör

Zutaten

1 kg reife Schlehen, nach dem ersten Frost geerntet · 1 Vanillestange

1 l reiner Alkohol (90–98 %) · 200 g weißer Zucker · 1 l Wasser

Zubereitung

1 Die Schlehen leicht anquetschen. **2** Mit der Vanillestange und dem Alkohol in einem großen, gut schließenden Gefäß ansetzen. **3** Sieben Wochen an einem schattigen Platz ziehen lassen. **4** Abseihen, am besten durch ein Leinentuch (alte Serviette). **5** Zucker in der angegebenen Menge Wasser klären und zu dem Schlehenmazerat geben. **6** Nach zwei Tagen Ruhezeit filtrieren. **7** In Flaschen füllen und vor Gebrauch noch längere Zeit ruhen lassen.

Anwendung Zweimal täglich 30 Milliliter. Schlehenlikör ist hilfreich bei Erkrankungen der Luftwege und bei Entzündungen im Mund- und Rachenraum. Er wirkt auch bei Blähungen, Verstopfung und Reizung der Harnwege.

Schlehen besitzen stark entzündungshemmende Stoffe. Sie helfen aber auch der Verdauung, wenn man den Likör nach einer reichhaltigen, schweren Mahlzeit genießt.

Sauerdorngeist

Zutaten

300 g vollreife Berberitzenbeeren · 1 l Obstler

Berberitzen gehören zur Gattung der Sauerdorngewächse, daher der Name des Geistes. Mit etwa 200 Arten sind sie in Asien, Europa, Süd- und Mittelamerika vertreten.

Zubereitung

1 Die Beeren werden mit Obstler in einer Flasche angesetzt. **2** An einem warmen, sonnigen Platz so lange ziehen lassen, bis die Beeren ihre rote Farbe verlieren; täglich schütteln. **3** Den Ansatz eine Woche lang ruhen lassen. **4** Filtrieren.

Anwendung Zweimal täglich 30 Milliliter. Der säuerliche Geist hilft bei Lungen- und Bronchialbeschwerden und auch bei Husten.

Chinesisches Hustenmittel

Zutaten

100 g Schweineschmalz · 100 g Sesamöl · 100 g gemahlener grüner oder schwarzer Tee · 100 ml reiner Alkohol

Zubereitung

1 Alle Zutaten gut miteinander vermischen und kurz aufkochen. **2** Nach dem Abkühlen den Brei in ein gut schließendes Gefäß füllen.

Anwendung Einmal täglich einen halben Teelöffel in Tee einrühren. Hilft bei Husten und nach Erkältungskrankheiten.

Atemkräutergeist

Zutaten

20 g geschälte Sonnenblumenkerne · 10 g Thymian · 10 g Königskerze (Wollkraut) · 15 g Spitzwegerichblätter · 10 g Huflattichblüten 10 g Kardobenediktenkraut · 20 g Brombeerblätter · 1 l Wodka

Zubereitung

1 Die Sonnenblumenkerne im Mörser zerstoßen. **2** Zusammen mit Kräutern und Wodka in einer Flasche ansetzen. **3** Zwei Wochen lang mazerieren, täglich schütteln. **4** Noch eine Woche ruhen lassen, dann filtrieren.

Anwendung Dreimal täglich 20 Milliliter. Der Geist bewirkt eine gründliche Sanierung der Atemwege, vor allem bei entzündlichen Prozessen und Schleimhautreizungen.

Salbeigeist

Zutaten

1/2 unbehandelte Zitrone · 30 frische Blätter Gartensalbei

3 Blätter Basilikum · 3 Blutenköpfe Quendel · 1 l Obstler oder Wodka

Zubereitung

1 Die Schale der halben Zitrone abreiben. **2** Die Kräuter und die Zitronenschale mit Obstler oder Wodka in einer Flasche ansetzen. **3** Vier bis fünf Wochen an einen warmen Platz stellen, täglich schütteln. **4** Filtrieren und vier bis sechs Wochen ruhen lassen.

Anwendung Zweimal täglich 30 Milliliter. Der Geist hilft bei Katarrhen der oberen Luftwege, heilt Entzündungen in Mund- und Rachenhöhle und kräftigt den Magen.

Entzündungen im Bereich der Mundschleimhäute oder des Zahnfleischs kann man auch kurieren, wenn man frische Blätter des Gartensalbeis kaut.

Ein mit Zitronenschale, Salbei, Basilikum und Quendel mazerierter Obstler ist ein wirksames Heilmittel gegen Atemwegserkrankungen.

Hautleiden und Haarprobleme

Da Hautleiden sehr verschiedene Ursachen haben können, muss man zunächst die Wurzeln des Übels finden. Sind sie nervös bedingt, dann hilft vielleicht ein Nervengeist besser als die hier genannten Rezepte. Manchmal sind auch blutreinigende Geister vorteilhaft, wie sie unter Rheumageistern zu finden sind.

Sonnenblumengeist

Zutaten

120 g reife Sonnenblumenkerne · 1 l Obstler oder Wodka

Zubereitung

1 Die Sonnenblumenkerne zerkleinern. **2** Mit Obstler oder Wodka in einer Flasche ansetzen. **3** Drei bis vier Wochen ziehen lassen, täglich schütteln. **4** Filtrieren.

Anwendung Dreimal täglich 30 Milliliter als Kur von zehn Tagen. Hilft, die Haut zu reinigen, und bewährt sich besonders bei Nesselsucht.

Zwiebel-Decoct

Zutaten

150 g frische Zwiebelröhrchen · 150 g Zwiebeln · 30 ml reiner Alkohol
200 ml Wasser

Zubereitung

1 Zwiebelgrün fein schneiden, Zwiebeln zerkleinern. **2** Beide mit dem Alkohol zum Wasser geben. **3** Aus dieser Mischung eine Abkochung machen (vgl. Seite 41). **4** Auf die Hälfte einkochen lassen.

Anwendung Die vorhandene Menge über einen ganzen Tag verteilt einnehmen. Hilft bei Nesselsucht.

Rehmanniageist

Zutaten

40 g Radix Polygoni Multiflora · 40 g Radix Rehmanniae · 1 l Wodka

Zubereitung

1 Die Wurzeln klein schneiden. **2** Mit dem Wodka in einer Flasche ansetzen. **3** Zwei Wochen lang ziehen lassen. **4** Filtrieren.

Anwendung Zweimal täglich 15 Milliliter. Wirkt gegen vorzeitiges Ergrauen der Haare bei allgemeiner körperlicher Schwäche, Müdigkeit, Schwindelgefühlen und Blutarmut.

Chinesischer Haarhelfer

Zutaten

30 g Radix Rehmanniae · 30 g Radix Rehmanniae Praeparatae
30 g Radix Asparagi · 30 g Ophiopogonis · 30 g Poria · 30 g Radix Ginseng 1 l Wodka

Zubereitung

1 Alle Pflanzenteile zerkleinern. **2** Mit Wodka in einer Flasche ansetzen. **3** Drei bis fünf Tage ziehen lassen, täglich ein- bis zweimal schütteln. **4** Den Ansatz vorsichtig aufkochen und nach dem Abkühlen filtrieren.

Anwendung Dreimal täglich vor den Mahlzeiten 10 Milliliter. Wirkt nicht nur gegen vorzeitiges Ergrauen der Haare, sondern schafft auch gesundes Haar.

Brennnesselgeist

Zutaten

20 g Brennnesselblätter · 5 g Feldstiefmütterchenblüten
20 g Tausendguldenkraut · 10 g Gänseblümchen · 10 g Ringelblumen
20 g Holunderblüten · 1 l Wodka

Zubereitung

1 Blüten und Kräuter mit Wodka in einer Flasche ansetzen. **2** Zwei Wochen lang mazerieren, täglich schütteln. **3** Noch eine Woche ruhen lassen, dann filtrieren.

Anwendung Zwei- bis dreimal täglich 20 Milliliter einnehmen. Brennnesselgeist ist ein ganz hervorragendes Hautreinigungsmittel. Er wirkt außerdem blutreinigend, bewährt sich auch bei rheumatischen Erkrankungen. Nicht zuletzt regt er die Haare zum Wachsen an.

Nicht nur die Blätter der Brennnessel wirken positiv auf Haut und Haar. Eine Tinktur aus den Wurzeln ist erfolgreich gegen Schuppen und Haarausfall, da sie die Durchblutung der Kopfhaut fördert.

Muskel- und Gliederschmerzen

Die hier genannten »Geister« helfen nicht nur bei Muskel- und Gliederschmerzen, sondern auch bei chronischen Schmerzen, Gliedertaubheit und Unterleibsschmerzen.

Achyranthisgeist

Zutaten

60 g Semen Cuscutae · 30 g Cortex Eucommiae · 30 g Radix Achyranthis
1 l Wodka

Zubereitung

1 Alle Pflanzenteile fein zerstoßen. **2** Mit Wodka in einer Flasche ansetzen. **3** Eine Woche lang ziehen lassen, täglich schütteln. **4** Filtrieren.

Anwendung Zweimal täglich vor den Mahlzeiten 30 Milliliter. Hilft bei Unterleibs- und Knieschmerzen infolge von Leber- und Nierenschwäche. Kann den Blutdruck etwas senken.

Gliederbelebungsgeist

Zutaten

120 g Herba Epimedii · 1 l Wodka

Zubereitung

1 Das Kraut mit Wodka in einer Flasche ansetzen. **2** Drei Tage lang ziehen lassen, täglich schütteln. **3** Filtrieren.

Anwendung Täglich vor dem Schlafengehen 10 bis 15 Milliliter. Hilft bei Gliedertaubheit.

Gartenbalsamgeist

Zutaten

250 g Flores Impatientis · 600 ml Wodka · 400 ml Wasser

Zubereitung

1 Die Blüten bei schwacher Hitze rösten, bis sie total trocken sind, dann fein zerstoßen. **2** Mit Wodka und Wasser in einer Flasche ansetzen. **3** Eine Woche lang ziehen lassen, täglich schütteln. **4** Filtrieren.

Anwendung Zweimal täglich 15 Milliliter. Hilft bei Gliederschmerzen, chronischer rheumatischer Arthritis, Prellungen, Quetschungen und Knochenbrüchen.

Carthamusgeist

Zutaten

100 g Carthamus tinctorius · 1 l Wodka

Zubereitung

1 Das Kraut mit Wodka in einer Flasche ansetzen. **2** Eine Woche lang ziehen lassen, täglich schütteln. **3** Filtrieren. **4** Noch zwei Tage bei Raumtemperatur stehen lassen, erneut filtrieren. **5** In mehrere kleine Fläschchen (100 bis 200 Milliliter) abfüllen.

Anwendung Zweimal täglich 10 Milliliter. Dieser Geist wirkt schmerzlindernd bei Prellungen, Stauchungen, Quetschungen und Knochenbrüchen sowie bei rheumatischer Arthritis. Fördert die Gewebedurchblutung und damit die Heilung.

Voltaire hat einmal gesagt: »Die Kunst der Medizin besteht darin, den Patienten bei guter Laune zu halten, während die Natur seine Krankheit heilt.« Die Kräuterschnäpse bestätigen dies.

Das fette Öl dieser Pflanze ist den meisten wahrscheinlich als Färberdistelöl bekannt.

Ringelblumengeist

Die Wirkung von Ringelblumengeist kann man vorteilhaft durch die gleichzeitige äußere Anwendung von Ringelblumensalbe unterstützen.

Zutaten

25 g Beinwell · 25 g Ringelblume · 25 g Brennnesseln
15 g Gänseblümchen · 1 l Wodka

Zubereitung

1 Die Kräuter mit dem Alkohol in einer Flasche ansetzen. **2** Zwei Wochen lang mazerieren, täglich schütteln. **3** Den Ansatz noch eine Woche ruhen lassen, dann filtrieren.

Anwendung Dreimal täglich 20 Milliliter. Trägt bei stumpfen Verletzungen und Knochenbrüchen zur raschen Geweberegenerierung bei.

Liebstöckelgeist

Zutaten

60 g Rhizoma Chuanxiong (chinesischer Liebstöckel) · 1 l Wodka

Zubereitung

1 Den Liebstöckel mit Wodka ansetzen. **2** Eine Woche lang ziehen lassen, täglich schütteln. **3** Filtrieren.

Anwendung Einmal täglich 10 Milliliter. Beschleunigt die Heilung bei traumatischen Verletzungen.

Hämorrhoiden

Rohrzuckergeist

Zutaten

100 g brauner Rohrzucker · 100 ml reiner Alkohol (90-98 %)

Zubereitung

1 Den Zucker im reinen Alkohol auflösen. **2** Kurz aufkochen.

Anwendung Zweimal täglich 20 Milliliter in warmem Wasser einnehmen. Hilft bei Hämorrhoiden.

Sechs-Kräuter-Geist

Zutaten

15 g Johanniskraut · 15 g Schafgarbe · 15 g Mariendistelsamen · 15 g Wegwarte · 15 g Kardobenediktenkraut · 15 g Löwenzahnblätter · 1 l Wodka

Zubereitung

1 Alle Kräuter und den Samen mit Wodka in einer Flasche ansetzen. **2** Zwei Wochen lang ziehen lassen, täglich schütteln. **3** Filtrieren.

Anwendung Zweimal täglich 20 bis 30 Milliliter. Sechs-Kräuter-Geist hilft bei Hämorrhoiden.

Für die Behandlung von Hämorrhoiden ist es besonders wichtig, auf eine geregelte Verdauung und nicht zu festen Stuhl zu achten. Hilfreich sind deshalb auch die im Abschnitt über Magen und Darm angegebenen Rezepturen.

Immunsystem

Holunderblütengeist

Zutaten

20 g Meisterwurz · 10 g Fieberklee · 10 g Wurzeln vom Gelben Enzian 40 g Holunderblüten · 1 l Wodka

Zubereitung

1 Kräuter, Blüten und Wurzeln mit Wodka in einer Flasche ansetzen. **2** Zwei Wochen lang mazerieren, täglich schütteln. **3** Den Ansatz noch eine Woche ruhen lassen, dann filtrieren.

Anwendung Zweimal täglich 20 Milliliter, einen Monat lang. Kräftigt das Immunsystem.

Sanddorngeist

Zutaten

300 g Sanddornbeeren (nach dem ersten Frost geerntet) · 1 l Obstler

Zubereitung

1 Die Beeren mit Obstler in einem gut schließenden Gefäß (am besten auf zwei Flaschen verteilen) ansetzen. **2** Drei Wochen lang an einen warmen, sonnigen Platz stellen, täglich schütteln. **3** Den Ansatz noch weitere drei Wochen ruhen lassen, dann filtrieren. **4** Einige Monate lagern.

Anwendung Zweimal täglich 30 Milliliter. Kräftigt das Immunsystem.

Augenleiden

Wolfsbeerengeist

Mit den in Deutschland gelegentlich als Wolfsbeeren bezeichneten giftigen Früchten des Eisenhuts haben die chinesischen Wolfsbeeren nichts zu tun.

Zutaten

250 g Fructus Lycii · 1/2 l Wodka

Zubereitung

1 Die Wolfsbeeren mit Wodka in einer Flasche ansetzen. **2** Eine Woche lang ziehen lassen, täglich schütteln. **3** Die Beeren bleiben im Ansatz.

Anwendung Einmal täglich abends 10 bis 20 Milliliter. Wolfsbeerengeist hilft bei brennenden Augen, Augenflimmern, leicht tränenden Augen und Augenmuskelschwäche. Er kräftigt Leber und Nieren.

Hagebutten werden vor allem wegen ihres hohen Gehalts an Vitamin C und Kalzium geschätzt.

Schwäche, Entkräftung und Altersleiden

Johannisbeer-Hagebutten-Geist

Zutaten

300 g Hagebutten · 300 g schwarze Johannisbeeren · 5 Gewürznelken
2 Rosetten Sternanis · 1 Stange Zimt · 1 l Obstler

Zubereitung

1 Die Hagebutten aufschneiden und entkernen, die Gewürze eventuell grob zerkleinern. **2** Beeren und Gewürze mit Wodka in einem gut schließenden Gefäß ansetzen. **3** Drei Wochen lang an einen warmen Platz stellen, täglich schütteln. **4** Noch drei weitere Wochen ruhen lassen, dann filtrieren.

Anwendung Zweimal täglich 30 Milliliter. Der fruchtige Geist ist ein gutes Kräftigungsmittel.

Wer Hagebutten selbst ernten möchte, sollte dafür die ersten Nachtfröste abwarten. Ersatzweise kann man die noch nicht durchgefrorenen Früchte der Hundsrose verwenden, wenn man sie einen Tag lang in die Tiefkühltruhe legt.

Ginsenggeist

Zutaten

80 g Ginsengwurzeln · 1 l Wodka

Zubereitung

1 Die Ginsengwurzeln zerkleinern. **2** Zusammen mit dem Wodka bis zum Sieden erhitzen. **3** Eine Woche stehen lassen, dann filtrieren und in Flaschen füllen.

Anwendung Zweimal täglich 10 bis 20 Milliliter. Der Geist kräftigt allgemein, hilft bei Kurzatmigkeit, geringer Belastbarkeit, Schwächeanfällen mit Schweißausbrüchen und blasser Gesichtsfarbe. Macht widerstandsfähiger gegen Wind und Kälte.

Tipp Man kann sich auch die Arbeit des Filtrierens sparen. Der Ansatz muss nicht filtriert werden. Die Wurzeln können getrost im Geist bleiben.

Ginseng-Wolfsbeeren-Geist

Zutaten

10 g Ginsengwurzeln · 35 g Fructus Lycii · 15 g Rhizoma Rehmanniae Praeparatae · 40 g weißer Kandiszucker · 1 l Wodka

Zubereitung

1 Die Ginsengwurzeln zerkleinern und leicht anrösten. **2** Mit allen anderen Zutaten, einschließlich Wodka, in einer Flasche ansetzen. **3** Zwei Wochen lang ziehen lassen, täglich schütteln. **4** Filtrieren.

Anwendung Zweimal täglich 20 Milliliter. Der Geist empfiehlt sich bei Appetitmangel, Schwäche und Abgeschlagenheit, Schwindel, Schlaflosigkeit, Blutarmut, Fehlernährung und Neurosen. Ist auch hilfreich für Diabetiker. Er fördert die Durchblutung, kräftigt allgemein, verbessert das Sehvermögen und regt die Funktion des Hormonsystems an.

Chinesischer Lebensverlängerer

Der Chinesische Lebensverlängerer gibt allgemeine Lebenskraft, reinigt das Blut, stärkt Lungen und Nieren, verbessert das Sehvermögen und wirkt vorbeugend gegen Infektionskrankheiten. Es ist das Tonikum der Hundertjährigen.

Zutaten

30 g Rhizoma Polygonati · 30 g Radix Asparagi Sinensis 15 g Fichtennadeln · 20 g Fructus Lycii · 12 g Rhizoma Atractolydis Macrocephalae · 1 l Wodka

Zubereitung

1 Die größeren Pflanzenteile zerkleinern. **2** Alle pflanzlichen Zutaten mit Wodka in einer Flasche ansetzen. **3** Zwölf Tage lang ziehen lassen, täglich schütteln. **4** Filtrieren.

Anwendung Zwei- bis dreimal täglich 20 bis 30 Milliliter. Dieser Geist regeneriert die geschwächte Gesundheit und erhält sie bis ins hohe Alter.

Codonopsisgeist

Zutaten

45 g Radix Codonopsis Pilosulae · 45 g Radix Astragali · 1 l Wodka

Zubereitung

1 Die Wurzeln mit Wodka in einer Flasche ansetzen. **2** Zwei Wochen lang ziehen lassen, täglich schütteln. **3** Filtrieren.

Anwendung Zweimal täglich 15 Milliliter. Hilft bei Schwäche, Atemnot, Schweißausbrüchen und Zugempfindlichkeit und ist ein gutes, allgemein kräftigendes Tonikum.

Longanwein

Zutaten

250 g Fructus Crataegi (Weißdornfrüchte) · 250 g Arillus Longan
30 g Fructus Jujubae · 30 g brauner Rohrzucker · 1 l chinesischer Reiswein (in Asiengeschäften)

Longan kommt aus dem Chinesischen und bedeutet Drachenauge. Der Longanbaum kommt in Südostasien vor und ist ein Obstbaum mit pflaumengroßen, fleischigen Früchten.

Zubereitung

1 Alle Zutaten in einem großen, gut schließenden Gefäß ansetzen. **2** Zehn Tage lang ziehen lassen, alle zwei bis drei Tage schütteln. **3** Filtrieren.

Anwendung Einmal täglich vor dem Schlafengehen 30 Milliliter. Der Geist hilft bei Schwäche und Erschöpfungszuständen, generell bei Altersbeschwerden. Bei Stuhlverstopfung sollte man Longanwein nicht einnehmen!

Longan-Angelika-Geist

Zutaten

30 g Arillus Longan · 30 g Radix Angelicae Sinensis · 1 l Obstler

Zubereitung

1 Die Pflanzenzutaten mit Obstler in einer Flasche ansetzen. **2** Eine Woche lang ziehen lassen, täglich schütteln. **3** Filtrieren.

Anwendung Einmal täglich vor dem Schlafengehen 15 Milliliter. Hilft allgemein bei Altersbeschwerden. Gibt verlorene Vitalität und Lebensfreude zurück, unterstützt das Atemsystem und stärkt Herz und Kreislauf.

Ein Klassiker unter den Schnäpsen: Aquavit, was übersetzt so viel wie Lebenswasser bedeutet.

Jeder, der mit Heilpflanzenschnäpsen experimentiert, wird auch Freunden und Bekannten gelegentlich einen guten Tropfen aus eigener Herstellung kredenzen wollen, ganz abgesehen vom eigenen Bedarf.

Beliebte Klassiker und würzige Kräutergeister

Während wir uns im vorangegangenen Kapitel den Heilpflanzengeistern und der Gesundheit gewidmet haben, wollen wir uns jetzt mehr dem geschmacklichen Element zuwenden.

Die Heilmixturen können für sich meist nicht in Anspruch nehmen, geschmacklich das Nonplusultra zu sein. Daher wollen wir neben bewährten Klassikern wie Benedictine, Cointreau und anderen hier so wohlschmeckende Getränke wie Wacholderschnaps oder Kiefernadelbitter vorstellen. Gut bekömmlich sind sie alle, wenn auch der gesundheitliche Nutzen in diesem Kapitel nicht im Vordergrund steht.

Zahlreiche Rezepte betreffen Liköre, also stark gesüßte Schnäpse. Dazu gibt man nicht einfach den Zucker in den Ansatz hinein, sondern man läutert diesen. Man kocht weißen Zucker in Wasser auf, bis er sich völlig gelöst hat und die Flüssigkeit klar ist. Den noch heißen Sirup gibt man vor dem Filtrieren in den fertigen Schnaps. Bei dieser Methode entsteht jedoch oft eine Trübung, die sich durch Filtrieren nur schwer beseitigen lässt, weil das Mischungsverhältnis Alkohol/Wasser verändert wird. Es ist wesentlich besser, den Zucker nicht in Wasser, sondern im gleichen Brand zu erhitzen, mit dem man auch den Schnaps angesetzt hat. Natürlich darf man den Brand mit dem Zucker nur kurz bis zum Sieden bringen, weil sonst der Alkohol verdunstet.

Benedictine

Zutaten

2 g Enzianwurzel · 1/2 g Gewürznelke · 1 1/2 g Zimt
1 g Pfefferminzblätter · 1 g krause Pfefferminzblätter · 1/2 g Absinth
1/2 g Majoran · 1/2 g Thymian · 1/2 g Galgantwurzel · 1/2 g Rhabarberwurzel · 1/2 g Lavendelblüten · 10 Fäden Safran · 800 ml Wodka oder Doppelkorn · 250-300 g Zucker · 200 ml Wodka oder Doppelkorn

Zubereitung

1 Alle Wurzeln, Blüten, Kräuter und Gewürze mit 800 Milliliter Wodka oder Doppelkorn in einer Flasche ansetzen. **2** Zwei Stunden ziehen lassen. **3** Zucker in 200 Milliliter Wodka oder Doppelkorn auflösen und noch heiß in den Ansatz geben. **4** Abkühlen lassen, filtrieren und auf Flaschen ziehen. **5** Vor dem Verbrauch noch ein bis zwei Monate lagern, damit das Getränk sein volles Aroma entwickeln kann.

Isländer Schnaps

Zutaten

20 g Rosinen · 20 g Wacholderbeeren · 5 g Kardamom · 700 ml Schnaps
200 ml guter Weinbrand · 100 ml Kirschsaft · 2 Tropfen Bittermandelöl

Zubereitung

1 Rosinen, Wacholderbeeren und Kardamom im Schnaps ansetzen und die weiteren Zutaten hinzufügen. **2** Drei Wochen verschlossen ziehen lassen, täglich schütteln. **3** Filtrieren und auf Flaschen ziehen. Das Aroma verbessert sich, je länger der Schnaps lagert.

Liköre und Kräuterschnäpse sollte man in Ruhe genießen, egal ob man sie aus gesundheitlichen Gründen oder zum Entspannen zu sich nimmt.

Würzig und aromatisch schmeckt der Isländer Schnaps.

Usqueba

Zutaten

10 g frische Ingwerwurzel · 10 g Kümmel · 30 g Nelken · 10 g gemahlene Muskatnuss · 10 g Sternanis · 60 g Rosinen · 900 ml Wodka oder Obstler 70-90 g Zucker · 100 ml Wodka oder Obstler

Zubereitung

1 Ingwerwurzel klein schneiden, Kümmel leicht zerstoßen. **2** Alle Pflanzenteile mit 900 Milliliter Wodka oder Obstler in einer Flasche ansetzen. **3** Zwei Wochen stehen lassen, täglich schütteln. **4** Zucker in 100 Milliliter Brand zum Sieden bringen und den Sirup zum Ansatz geben. **5** Drei bis fünf Tage ziehen lassen, damit auch das Muskatnusspulver sich absetzen kann. **6** Filtrieren. Vorsichtig abgießen, damit das Pulver nicht wieder aufsteigt, es verstopft sonst den Filter und macht mehrmaliges Filtrieren notwendig. **7** Vor dem Genuss mindestens einen Monat lagern.

Fichten- und Kiefernadelgeist schmeckt nicht nur aromatisch, er bringt auch gesundheitlichen Nutzen. Er wirkt vorbeugend gegen Arteriosklerose und Angina pectoris.

Fichten- und Kiefernadelgeist

Zutaten

100 g Fichtennadeln · 60 g Wildblumenhonig (Mischtracht) 1 l Obstler oder Wodka

Zubereitung

1 Fichtennadeln und Honig mit Obstler oder Wodka in einer Flasche ansetzen. **2** Frische Nadeln zwei Wochen, getrocknete einen Monat ziehen lassen, täglich schütteln. **3** Filtrieren. Je länger der Geist lagert, umso mehr entwickelt sich das Aroma.

Variation Auch junge grüne Kieferntriebe können anstelle der Nadeln verwendet werden. Dann sollte man das Ganze nur eine Woche ziehen lassen.

Anmerkung Für den Fichtennadelgeist kann man die Nadeln von jungen, im Mai geernteten Trieben verwenden oder getrocknete Nadeln, Folia Pini, aus der Apotheke. Damit ist man an keine Jahreszeit gebunden.

Cassis

Zutaten

1 kg schwarze Johannisbeeren · 1 Stück frische Ingwerwurzel (walnussgroß)
1 Vanilleschote · 400-500 g weißer Kandiszucker · 1 l Obstler oder Wodka

Zubereitung

1 Die Johannisbeeren leicht quetschen, den Ingwer klein schneiden. **2** Alle Zutaten in einem großen, gut schließbaren Gefäß ansetzen. **3** Zwei Wochen lang an einem dunklen Platz ziehen lassen, täglich schütteln. **4** Filtrieren und auf Flaschen ziehen. Je länger man ihn ruhen lässt, umso besser entwickelt sich das Aroma.

Der sehr vitaminreiche und aromatische Cassis, der auch zahlreiche wertvolle Spurenelemente enthält, sollte möglichst dunkel aufbewahrt werden. Es empfehlen sich dazu Braunglasflaschen.

Aquavit

Zutaten

2 g Ingwerwurzel · 1 g Gewürznelke · 1/2 g Chilischote
1/2 g Muskatnusspulver · 20 Fäden Safran · 4 g Zimtstange
50 g weißer Kandiszucker · 1 l Doppelkorn

Zubereitung

1 Die Ingwerwurzel fein schneiden. **2** Alle Zutaten in einer Flasche ansetzen. **3** Innerhalb der ersten Stunden so oft schütteln, bis sich der Kandiszucker gelöst hat. **4** Zwei Tage ziehen lassen, filtrieren und auf Flaschen ziehen.

Pfefferminzlikör

Zutaten

200-250 g weißer Zucker · 1 l Wodka · 5-6 Tropfen Pfefferminzöl
(aus der Apotheke)

Zubereitung

1 Zucker in 200 Milliliter Wodka läutern (nur bis zum Sieden bringen), dann mit dem restlichen Wodka aufgießen. **2** Das Pfefferminzöl dazugeben und gut vermischen. **3** Auf Flaschen ziehen.

Ostpreußischer Quittenlikör

Zutaten

2 kg Quitten · 800 ml Obstler oder Wodka · 20 g bittere Mandeln
10 g Zimt · 4 g Gewürznelken · 200-400 g weißer Zucker
200 ml Obstler oder Wodka

Zubereitung

1 Die ungekochten und ungeschälten Quitten mit einer Reibe zu Brei reiben (besser mit dem Fruchtentsafter) und den Brei durch ein Leinentuch pressen. Es soll 1 Liter Quittensaft entstehen. **2** 800 Milliliter Obstler und Saft vermischen. Mandeln und Gewürze dazugeben. **3** Das Ganze in einem großen, gut verschließbaren Gefäß ansetzen. **4** Einen Monat lang an einen warmen Platz stellen, täglich schütteln. **5** Je nach Geschmack Zucker in 200 Milliliter Obstler läutern und nach dem Abkühlen beifügen. **6** Filtrieren und auf Flaschen ziehen. Längere Zeit ruhen lassen, das Aroma des Quittenlikörs verbessert sich dann deutlich.

Der in den Alpen auch als Kranewit bekannte Wacholdergeist hat regional eine interessante Tradition. Bietet ein verliebter junger Mann seiner Angebeteten ein Glas Enzian an und sie sagt dazu nicht nein, dann darf er ihr getrost weitere Avancen machen. Erweist sich allerdings die junge Liebe als Strohfeuer, bestellt man als Lebewohl einen Kranewit.

Wacholder

Zutaten

10 Wacholderbeeren, frisch oder getrocknet
1 l Obstler, Wodka, Grappa oder Gin

Zubereitung

1 Sind die Beeren frisch, drei Tage an einem warmen, schattigen Platz trocknen. **2** Die getrockneten Beeren im Mörser zerstoßen. **3** Mit einem der genannten Brände in einer Flasche ansetzen. **4** Zwei Wochen ziehen lassen, täglich schütteln. **5** Mehrere Monate ruhen lassen.

Tipp Man kann den Geschmack verfeinern, wenn man von Anfang an einige junge Wacholdertriebe beifügt.

Anmerkung Der Kranewit ist ausgesprochen gesund. Er hilft bei Arthrose, Rheuma und Ischias, da er auch allgemein blutreinigend und harntreibend ist.

Angostura-Bitter

Zutaten

13 g Angosturarinde · 6 g Chinarinde · 6 g Pomeranzenschalen
4 g Galgantwurzel · 4 g Zimtblüte · 4 g rotes Sandelholz · 2 g Kardamom
1 g Enzianwurzel · 5 Gewürznelken · 100 g weißer Kandiszucker
1 l Wodka · 40 Tropfen (4 ml) Waldmeisteressenz

Zubereitung

1 Rinden, Schalen, Wurzeln, Blüten mit Zucker und Wodka in einer Weithalsflasche ansetzen. **2** Drei Wochen ziehen lassen, täglich schütteln. **3** Filtrieren und noch die Waldmeisteressenz hineinrühren.

Anmerkung Der Angostura-Bitter ist nach der venezolanischen Stadt gleichen Namens benannt. Hier entwickelte J. G. B. Siegbert das Rezept für diesen Kräuterbitter.

Ein Schuss Angostura-Bitter eignet sich hervorragend, um damit kühlen Sommergetränken wie Zitronenlimonade oder Grapefruitsaft einen besonderen Charakter und angenehme Frische zu verleihen.

Danziger Goldwasser

Zutaten

4 Tropfen Zimtöl · 4 Tropfen Zitronenöl · 4 Tropfen ätherisches Muskatöl
5 Tropfen Safrantinktur · 10 Tropfen Pomeranzenblütenöl
300 ml Rosenwasser · 300 ml reiner Alkohol (90 %) · 400 ml Wodka
einige Flitter Blattgold · 200 300 g weißer Kandiszucker

Zubereitung

1 Alle Öle, Tinkturen und Rosenwasser mit dem reinen Alkohol und mit Wodka in einer großen Flasche ansetzen und das Blattgold dazugeben. **2** Den Kandiszucker hineinfüllen. **3** In Abständen von einer Stunde immer wieder schütteln, bis sich der Zucker aufgelöst hat. **4** Eventuell filtrieren.

Anmerkung Für dieses Rezept wird kein Pflanzen-Kräuter-Mazerat angesetzt, sondern es werden ätherische Öle und Tinkturen verwendet. Auf diese Weise lässt sich der charakteristische Geschmack leichter erzielen als mit einem Pflanzenmazerat, da die Menge der Öle präziser abzumessen ist, als was das Mazerat der pflanzlichen Teile ergibt.

Alpenbitter

Zutaten

1/2 Tl Kümmelkörner · 4 g Ruta (Gartenraute) · 4 g Moschuskraut (alpenländische Moschusschafgarbe) · 8 g Meisterwurz · 4 g Wermutkraut 4 g Bibernelle · 15 g Enzianwurzel · 8-10 g Hopfenblütenzapfen 5 g Wacholderbeeren · 1 l Wodka

Der Alpenbitter ist wie viele Kräuterschnäpse ein Verdauungshelfer. Seinen relativ bitteren Geschmack bewirken die pflanzlichen Bitterstoffe, die die Gallenproduktion anregen.

Zubereitung

1 Die Kümmelsamen im Mörser zerstoßen. **2** Mit allen Kräutern, Wurzeln und Beeren in einer Flasche mit Wodka ansetzen. **3** Zwei Wochen ziehen lassen, täglich schütteln. **4** Filtrieren.

Tipp Wer einen Kräuterlikör dem Kräuterschnaps vorzieht, der sollte die Zutaten nur mit 800 Milliliter Wodka ansetzen. Vor dem Filtrieren noch 80 bis 100 Gramm weißen Zucker in 200 Milliliter Wodka läutern und dazugeben. Erst dann filtrieren.

Anmerkung Der Alpenbitter ist auch für das allgemeine Wohlbefinden sehr zu empfehlen. Er fördert die Verdauung, hebt das Allgemeinbefinden, beruhigt die Nerven, ohne müde zu machen, entschlackt, reinigt das Blut, entwässert und wirkt daher vorbeugend bei Rheuma, Ischias, Gicht und Kreislaufbeschwerden. Er stärkt auch das Immunsystem.

Magenbitter

Zutaten

45 g getrocknete Pomeranzenschalen · 4 g Wermut · 4 g Tausendguldenkraut · 4 g Veilchenwurzeln · 4 g Kardobenediktenkraut · 2 g Zimtstange 2 g Muskatnusspulver · 800 ml Wodka oder Doppelkorn · 100-200 g weißer Zucker · 200 ml Wodka oder Doppelkorn

Zubereitung

1 Alle Pflanzenteile mit 800 Milliliter Wodka oder Doppelkorn in einer großen Flasche ansetzen. **2** Drei Wochen lang stehen lassen, täglich schütteln. **3** Zucker im restlichen Alkohol läutern und dazugeben. **4** Filtrieren.

Orangenlikör

Zutaten

Für die Essenz: *Etwa 6-8 unbehandelte Orangen*

1/2 l reiner Alkohol (90-98 %)

Für den Likör: *125 ml Orangenessenz · 125 ml reiner Alkohol (90-98 %)*

1/4 l Wodka · 250 g weißer Zucker · 1/4 l Wasser

Zubereitung

1 Die Orangen unter heißem Wasser kräftig bürsten und abtrocknen. **2** Die Früchte sehr dünn schälen, das Weiße muss an den Früchten bleiben. Die Schalen in feine Streifen schneiden. **3** In eine Literflasche 1/2 Liter reinen Alkohol gießen und die Flasche mit den Orangenschalen füllen, bis sie ganz voll ist. **4** Drei Monate an einem warmen, sonnigen Platz ziehen lassen, gelegentlich schütteln. **5** Die Flüssigkeit durch ein feines Sieb gießen, dann filtrieren. Die Essenz aufbewahren. **6** Für den Likör Zucker mit Wasser läutern, abkühlen lassen und in eine weite Porzellan- oder Glasschale füllen. **7** Dazu die Essenz und nochmals reinen Alkohol geben. **8** So lange stehen lassen, bis sich die Flüssigkeit geklärt hat. Dann den Wodka dazugießen und das Ganze in Flaschen füllen.

Orangenlikör sollte Zeit zum »Reifen« haben. Dem steht jedoch die menschliche Neugier entgegen, und vermutlich werden Sie diese Köstlichkeit schon bald probieren.

Wann immer Sie die Schale von Orangen verarbeiten, verwenden Sie nur unbehandelte Früchte, auch wenn diese etwas teurer sind.

Ostpreußischer Bärenfang (Von masurischen Imkern)

Zutaten

300 g reiner Honig · 2-3 Gewürznelken · 1/4 Zimtstange
750 ml Obstler · 250 ml Arrak

Zubereitung

1 Den Honig im Wasserbad erwärmen, bis er flüssig ist. Keinesfalls stärker erhitzen! **2** Gewürznelken und Zimt beifügen und noch warm in die Obstler-Arrak-Mischung rühren. **3** Zwei bis drei Wochen ziehen lassen, dann filtrieren, falls erforderlich. **4** Auf Flaschen ziehen und ein paar Wochen ruhen lassen. Je länger der Schnaps lagert, desto besser sein Aroma.

Beim Zubereiten von Bärenfang sollte man keinen zu würzigen Honig wie Tannen-, Salbei- oder Kastanienhonig verwenden, sondern so genannten Wiesenhonig oder Mischtracht.

Chartreuse

Zutaten

Je 1 g Safran, Macis, zerstoßene Fenchelsamen, Enzianwurzel, Chinarinde,
Gewürznelken, Zimtstange, getrocknete Ingwerwurzel, Rosmarin,
Sternanis, Muskatnusspulver · je 3 g Kamillenblüten, Petersiliensamen
je 5 g getrocknete (oder frische) Orangenschalen, Angelikawurzeln,
Schlehenblüten, Lindenblüten, Orangenblüten, Krause Minzeblätter,
Melissenblätter, Lavendelblüten · 25 g zerstoßener Koriander
8 g zerstoßene Kardamomfrüchte · 1,1 l reiner Alkohol (96 %)
700 g weißer Zucker · 1/2 l Wasser

Zubereitung

1 Alle Gewürze, Wurzeln, Samen, Blüten, Kräuter und Schalen im Alkohol in einer großen Flasche ansetzen. **2** Zwölf Stunden (nicht länger!) ziehen lassen. **3** Durch ein Tuch pressen. **4** Zucker in Wasser läutern, abkühlen lassen und zum Alkohol geben. **5** Filtrieren und möglichst warm lagern, sonst trübt der Chartreuse nach und lässt sich später nur noch schwer filtrieren.

Anmerkung Das Rezept stammt von Apotheker A. Loetze und war lange Zeit ein streng gehütetes Geheimnis. Zum Originalrezept gehören noch 3 Gramm Wasserfenchelfrüchte (Fructus Phellandri), die allerdings meist schwer zu beschaffen sind. Sie sind zum Gelingen der Rezeptur auch nicht erforderlich.

Cointreau

Zutaten

1 vollreife unbehandelte Orange · 1/2 l reiner Alkohol (90-98 %)
250-300 g weißer Zucker · 750 ml Wasser

Zubereitung

1 Die Orange unter heißem Wasser kräftig abbürsten und trocknen. **2** Den Alkohol in ein Einmachglas gießen. **3** Durch die Orange einen sauberen Faden ziehen und die Frucht so weit in das Glas hineinhängen, dass sie gerade nicht in den Alkohol eintaucht. **4** Das Glas gut verschließen und zwei bis drei Wochen stehen lassen. Keinesfalls schütteln! Der Alkohol verfärbt sich in dieser Zeit gelblich. **5** Die Orange entfernen. **6** Den Zucker in Wasser läutern und auf 1/2 Liter einkochen, abkühlen lassen. **7** Den Sirup in den Alkohol rühren. Nur filtrieren, wenn es erforderlich ist. **8** Auf Flaschen ziehen. Den Cointreau möglichst ein bis zwei Jahre ruhen lassen, dann ist sein Aroma exzellent.

Anisschnaps

Zutaten

4 g Fenchelsamen · 6 g Melissenblätter · 3 g Sternanis · 1 g Koriander
3 g Salbeiblätter · 5 g Anissamen · 1 l Wodka oder Doppelkorn
5 Tropfen Anisessenz

Anisschnaps ist ein bewährter Verdauungshelfer. Er hilft vor allem gut gegen Blähungen nach einer zu üppigen Mahlzeit.

Zubereitung

1 Samen, Blätter und Gewürze im Mörser zerstoßen. **2** Mit Wodka oder Doppelkorn in einer Flasche ansetzen. **3** Acht Tage an einem dunklen Platz ziehen lassen, taglich schutteln. **4** Anisessenz beifügen und filtrieren. Je länger der Schnaps lagert, umso besser entfaltet sich sein Aroma.

Impressum
© 2007 by Bassermann Verlag, einem Unternehmen der Verlagsgruppe Random House GmbH, 81673 München
© der Originalausgabe by Ludwig Verlag, München, in der Verlagsgruppe Random House GmbH

Redaktion:
Brunhilde Thauer
Projektleitung:
Berit Hoffmann, Monika Rolle
Redaktionsleitung:
Dr. Reinhard Pietsch
Bildredaktion:
Ute Schoenenburg
Umschlag:
Atelier Versen, Bad Aibling
Druck:
Těšínská Tiskárna a.s., Český Těšín (CZ)

Gedruckt auf chlor- und säurearmem Papier
Printed in the Czech Republic

ISBN 978-3-8094-1837-5

597/036960198X 817 2635 4453 6271

Über den Autor

Felix R. Paturi ist Psychologe und Dozent an der Akademie der Union Deutscher Heilpraktiker. Seit 25 Jahren ist er als freiberuflicher Wissenschaftsautor durch Buchveröffentlichungen sowie aus Funk und Fernsehen bekannt. Seine Schwerpunkte sind u. a. die alternative Heilkunde und die gezielte Behandlung durch Heilpflanzen.

Bezugsquelle

für alle in diesem Buch erwähnten Pflanzendrogen:
Kräuter Schulte
Schlossstraße 7
76593 Gernsbach
Tel.: 07224/3876
Fax: 07224/68434
E-Mail: Kraeuterschulte@aol.com

Hinweis

Das vorliegende Buch ist sorgfältig erarbeitet worden. Dennoch erfolgen alle Angaben ohne Gewähr. Weder Autor noch Verlag können für eventuelle Schäden, die aus den im Buch gemachten Hinweisen resultieren, eine Haftung übernehmen.

Bildnachweis

Alle Bilder stammen von Dirk Albrecht, Meinerzhagen, außer:
AKG, Berlin: 13 (Erich Lessing), 16, 25; Bilderberg, Hamburg: 12, 19 (M. Kirchgessner), 37, 46 (Eberhard Grames); Das Fotoarchiv, Essen: 17 (Andreas Riedmiller); getty images, München: 6 (Third Age) 30 (R. Weller); Südwest Verlag, München: 10 (Bernhard Hecker), 32 (Christian Kargl), 49 (Bodo Schieren), 56 (Joachim Heller); Wildlife, Hamburg: 34 (Harms), 71 (D. L. Bürkel), 77 (Otmar Diez), 80 (G. Czepluch)

Sachregister

Rezepteregister